J. C. Sigauke

:rie dans le monde antique

J. C. Sigauke

Femmes, magie et sorcellerie dans le monde antique

ScienciaScripts

Imprint

Any brand names and product names mentioned in this book are subject to trademark, brand or patent protection and are trademarks or registered trademarks of their respective holders. The use of brand names, product names, common names, trade names, product descriptions etc. even without a particular marking in this work is in no way to be construed to mean that such names may be regarded as unrestricted in respect of trademark and brand protection legislation and could thus be used by anyone.

Cover image: www.ingimage.com

This book is a translation from the original published under ISBN 978-3-659-85104-9.

Publisher:
Sciencia Scripts
is a trademark of
Dodo Books Indian Ocean Ltd. and OmniScriptum S.R.L publishing group

120 High Road, East Finchley, London, N2 9ED, United Kingdom
Str. Armeneasca 28/1, office 1, Chisinau MD-2012, Republic of Moldova, Europe

ISBN: 978-620-3-59054-8

Copyright © J. C. Sigauke
Copyright © 2024 Dodo Books Indian Ocean Ltd. and OmniScriptum S.R.L publishing group

Contenu

Dédicace 2
Résumé 2
Remerciements 3
Chapitre 1 : Introduction 4
Chapitre 2 : Magie et sorcellerie dans les sociétés anciennes 22
Chapitre 3 : Femmes, magie et sorcellerie 30
Chapitre 4 : Conclusions 44
BIBLIOGRAPHIE 46

Dédicace

Aux femmes spéciales de ma vie.

Résumé

Les termes "sorcellerie" et "magie" ont été historiquement appliqués à toute influence sur l'esprit, le corps ou les biens d'une autre personne contre sa volonté. L'une des caractéristiques les plus communément attribuées à un sorcier est la capacité à jeter un sort, un moyen utilisé pour accomplir une action magique. Depuis l'Antiquité, des rapports font état de l'utilisation de la magie, censée avoir le pouvoir d'influencer l'esprit, le corps ou les biens. Les utilisateurs malveillants de la magie étaient accusés de provoquer des maladies, des maladies animales, la malchance, la mort subite, l'impuissance et d'autres malheurs de ce genre. La sorcellerie, plus bienveillante et socialement acceptable, était alors utilisée pour détourner la malveillance ou pour identifier le malfaiteur supposé afin qu'il soit puni. Mais cela n'a pas servi à grand-chose, car les malfaiteurs (sorcières et magiciens) ont fini par être identifiés comme étant des femmes. La femme a subi de nombreuses tortures mentales, surtout après avoir été accusée de tels actes, et ces accusations ont perduré jusqu'à aujourd'hui. L'objectif de cette thèse est donc d'établir les raisons pour lesquelles la femme est restée la cible de telles accusations ; de mettre en lumière si ces actes étaient réservés aux femmes ou si l'homme y participait également.

Remerciements

Au cours de la recherche et de la rédaction, quelques obstacles ont entravé la progression de cette thèse, mais grâce aux conseils du Tout-Puissant, elle a pu être achevée avec succès. J. D. McClymont, mon directeur de recherche, pour ses conseils patients, ses encouragements et ses critiques utiles sur ce travail de recherche.

Je souhaite remercier M. Moyo, le professeur L. Graverini et le professeur J. Wills pour m'avoir fourni des livres, des revues et des articles utiles, ainsi que pour leurs commentaires perspicaces, leurs suggestions et leurs encouragements au cours de cette recherche. Je voudrais également remercier le Dr Mlambo pour son soutien moral et ses encouragements.

Je suis très reconnaissant à un certain nombre de membres du département qui m'ont fait des suggestions constructives, et je souhaite remercier mes amis et collègues pour leurs encouragements et leur soutien : Mavis Muguti, Rumbidzai Chatindiara, Precious Zenda, Hardlife Zvoushe, Taurai Mukhahlera.

Enfin, je tiens à remercier tout particulièrement mon mari, Madhlozi Moyo, ma fille Nomhle Moyo et ma famille, le Dr Sigauke, Mme Sigauke et Gift Sigauke, pour leurs conversations utiles et leur soutien moral tout au long de mes études.

Je ne suis ni sorcier ni magicien. Je n'ai aucune connaissance ou expertise interne et cet exercice est d'un intérêt purement académique.

Chapitre 1 : Introduction

1.1 Introduction

Des termes tels que sorcellerie et magie peuvent sembler familiers et faciles à débattre, surtout lorsqu'il s'agit de ceux qui sont accusés de pratiquer ces actes, mais selon G. L. Chavhunduka, le sujet de la sorcellerie continue de susciter la controverse dans de nombreuses régions du monde.[1] Dès qu'une discussion s'engage sur ce sujet, les gens se divisent généralement en deux groupes, l'un affirmant que les sorcières n'existent pas, l'autre que les sorcières existent bel et bien. D'où la nécessité d'examiner cette question controversée d'un point de vue classique afin de comprendre le type de personnes impliquées dans ces pratiques et les raisons qui les poussent à agir de la sorte. Dans ce chapitre, j'expliquerai brièvement les termes "sorcellerie" et "magie" et je donnerai les raisons pour lesquelles les femmes sont le plus souvent accusées de pratiquer ces actes, en faisant valoir qu'elles ne sont pas les seules à être impliquées dans ces pratiques. Un aperçu approfondi de la pratique de la sorcellerie et de la magie dans les sociétés anciennes telles que la Grèce, Rome et l'Égypte sera discuté en détail dans les chapitres suivants.

Le monde classique était un monde de cultures diverses qui pratiquaient des religions et des rites différents. La sorcellerie reste l'une des plus anciennes professions au monde et la plus ancienne "fausse religion" selon la communauté chrétienne.[2] Les arts ou les pratiques de la sorcellerie et de la magie n'étaient pas des phénomènes pratiqués uniquement en Afrique, comme le montrent la plupart des légendes mythologiques anciennes. Ce sont des phénomènes que l'on retrouve dans de nombreuses régions du monde. Bien qu'Apulée soit originaire d'Afrique, en voyageant dans de nombreuses villes et États de l'ancien monde méditerranéen, il a découvert que ces phénomènes étaient également pratiqués ailleurs. *La Médée d'*Euripide, par exemple, montre que la sorcellerie et la magie étaient des phénomènes pratiqués même en Grèce continentale.[3] Même dans la *Médée*, il semble qu'il s'agissait d'un art principalement pratiqué par les femmes, au motif qu'elles étaient des "créatures inférieures" dans le monde. Mais est-ce vrai ou s'agit-il d'un présupposé basé sur le fait que les hommes ne considéraient les femmes que comme des créatures incomplètes, comme le dit Aristote ?[4]

Un autre objectif de cette thèse est d'établir la position et le rôle des femmes dans la société antique,

---

1 Chavhunduka G. L., 1980, "Witchcraft And The Law In Zimbabwe" <u>Zambezia</u>, Vol. 3 No.2, p 129.
2 Gibson W, 1973, "Witchcraft among the Ancients" dans <u>Witchcraft : A History of the Black Art,</u> p. 1.
3 Bien que *Médée* soit une histoire, elle contribue à mettre en lumière le fait que la sorcellerie était une pratique également connue en Grèce et que la plupart d'entre eux se doutaient que ces actes étaient principalement pratiqués par des femmes.
4 Clayton E., <u>Aristote - La politique : Livre 1 - Les femmes,</u> Encyclopédie Internet de la philosophie (IEP), www.iep.utm.edu/ consulté le 19 avril 2011.

ce qui permettra d'expliquer pourquoi les femmes étaient principalement accusées d'être des sorcières. Bien que les femmes aient été impliquées dans ces actes, il ne s'agissait pas d'un trafic à sens unique ; les hommes étaient également impliqués dans ces pratiques, comme en témoignent le traité et le roman d'Apulée, *l'Apologia* et l'*Âne d'or* respectivement. Les hommes étaient également membres de cultes et parfois, par curiosité et par anxiété, ils finissaient par avoir des ennuis. C'est le cas de Lucius dans l'*Âne d'or*, dont les activités occultes l'ont transformé en âne, et qui a dû parcourir la plus grande partie du monde méditerranéen sous cette forme, dans l'espoir de retrouver sa forme originelle. Ce roman s'est avéré être une excellente source pour la sorcellerie et la magie. On pense que ces pratiques sont devenues populaires à la fin de l'Antiquité, mais cela ne veut pas dire qu'elles n'existaient pas déjà dans l'Antiquité.

1.2 Domaine d'enquête

Apulée dépeint des femmes utilisant la magie pour tenter de réaliser leurs ambitions. L'accusation de magie et de sorcellerie vise les femmes, et ce point de vue est soutenu par Barbara Rosen qui affirme que plus de femmes que d'hommes ont été appelées sorcières parce que l'on soupçonnait que la sorcellerie concernait principalement les femmes et que leur monde était beaucoup plus fermé et mystérieux.[5] L'*Âne d'or* d'Apulée prouve que c'est vrai, car la plupart des tours de magie et des sortilèges y sont exécutés par différentes femmes pour leur propre bénéfice.[6] On tentera de trouver des raisons pour lesquelles les femmes sont principalement représentées comme exécutant de tels actes dans le roman. Est-ce parce que les femmes jouissaient de peu de droits dans la société ? Dans ce cas, la pratique de la sorcellerie et de la magie était-elle un moyen d'échapper à ce complexe d'infériorité sociale ? Ou bien s'agissait-il d'un avantage personnel ? Nous répondrons à ces questions en nous penchant sur L'*Âne d'or* d'Apulée.

1.3 Justification

La pratique de la magie et de la sorcellerie a toujours été associée aux femmes. Les femmes ont toujours été accusées de pratiquer la sorcellerie, non seulement dans les sociétés anciennes, mais aussi dans le monde contemporain, y compris au Zimbabwe. À l'époque de l'empereur Néron (60-64 après J.-C.), de nombreuses femmes ont été brûlées à mort après avoir été accusées d'être des sorcières *(sagae, lamiae)*.[7] Le roman *L'âne d'or* montre que la plupart des actes de magie et de sorcellerie aboutissent à de mauvais résultats et fonctionnent sur la base de la curiosité d'obtenir quelque chose

---

5 Rosen B., 1969, <u>Witchcraft,</u> p 8.
6 Graves R., 1990, <u>The Golden Ass,</u> p 9 - Meroe - La petite amie de Socrate veillait à séduire tous les hommes. qu'elle jugeait utiles dans sa vie privée.
7 C'est l'époque où Néron, que de nombreux spécialistes décrivent comme les années de folie, persécute ses ennemis. la communauté chrétienne en les accusant d'avoir brûlé la ville et en les rendant responsables de tous les malheurs qui frappent la ville et l'empire.

qui échappe au contrôle de l'individu.[8]

Les questions qui se posent aujourd'hui sont les suivantes : les femmes ont-elles toujours pratiqué la sorcellerie, et les pratiques dites "maléfiques" l'ont-elles toujours été, ou ont-elles parfois été considérées comme bonnes, comme en témoignent les épopées classiques ?[9] Des recherches ont montré que la pratique de la magie et de la sorcellerie n'est pas uniquement motivée par de mauvaises raisons. Après la mort d'un notable de la ville de Larissa, un magicien égyptien nommé Zatchlas a été appelé avant l'enterrement pour établir la cause du décès du jeune homme. Après avoir invoqué les esprits et mélangé ses potions, Zatchlas a proclamé que la femme "cupide" du jeune homme était celle qui l'avait tué.[10]

Dans d'autres textes classiques, les femmes sont considérées par Aristote comme des hommes déformés, incomplets ou mutilés.[11] Hésiode a déclaré qu'une femme (Pandore) était porteuse de douleur et de mal et qu'elle était trompeuse.[12] Certaines femmes, pour échapper à ces accusations, se sont réfugiées dans la religion, les pratiques cultuelles, la magie et la sorcellerie et ont finalement été accusées d'être des sorcières. Pline l'Ancien, dans son *Histoire naturelle*, écrit : "... bien que la magie soit inefficace et infâme, elle contient néanmoins des ombres de vérité, en particulier l'art de fabriquer du poison, et personne n'a peur des sortilèges".[13]

La pratique de la magie et de la sorcellerie était mal perçue et interdite dans la Rome républicaine. Les autorités romaines étaient opposées à la sorcellerie et à l'incantation et, par conséquent, une loi contre ces pratiques a été adoptée. La loi que Rome a utilisée contre la sorcellerie, la *lex Cornelia de sicariis et veneficis* (81 av. J.-C.), ne visait pas à l'origine les sorciers mais les meurtriers, et les termes de *sicariis et veneficis* distinguaient les deux. *De sicariis* désigne ceux qui tuent ouvertement au moyen d'une arme, tandis que *de veneficis* désigne ceux qui tuent secrètement au moyen d'un poison ou de la magie.[14]

À l'époque d'Apulée, cette loi s'était étendue à toute utilisation de moyens occultes pour produire des actions ou des événements malveillants. En d'autres termes, il semble que la magie et la sorcellerie

---

8   Graves R., 1990, Op cit, p 49 - 50 - Lucius s'est transformé en âne alors qu'il le voulait.
devenir un oiseau.
9   Tully C., 2002, The Cauldron:- Witchcraft, Paganism and Folklore-Witches of Ancient Greece and Rome,
http://www.thecauldron.org.uk/ - Les sorcières ont servi de guides à des héros tels qu'Ulysse, Énée et Jason, et leurs conseils sont également attestés dans la littérature romaine, notamment dans les *Odes* et *Épodes* d'Horace ou les *Pharsalia* de Lucan.
10 Graves R., 1990, The Golden Ass, p 34 - 35 - il semblerait que sa mort soit due à la sorcellerie.
11 Aristote sur les femmes, www.newfoundations.com/WOMAN/Aristotle/ consulté le 26 août 2011.
12 Wender D., 1973, Hésiode et Théognis, p 62, 70.
13 La peur de l'inconnu et de ce que l'on ne peut contrôler.
14 La loi des douze tables (451 - 450) interdit à quiconque d'attirer les récoltes de son voisin dans son champ en magique.

étaient des pratiques dangereuses et parfois indignes de confiance, c'est pourquoi elles étaient pratiquées dans l'obscurité, généralement la nuit.[15] À un moment donné, Apulée a été accusé de pratiquer la sorcellerie et la magie et a tenté par tous les moyens de se justifier devant la justice.[16] Cette tentative a été consignée dans l'un des traités qui lui ont survécu, connu sous le nom d'*Apologia* - La défense.

D'une certaine manière, cela montre que la sorcellerie et la magie n'étaient pas seulement associées aux femmes, mais qu'il y avait aussi des hommes qui pratiquaient la sorcellerie et la magie, par exemple Pythagore, le mathématicien, qui pratiquait ouvertement la philosophie, la science et la magie.[17] Dans la Rome antique, la magie était traitée comme une science et les Romains utilisaient beaucoup de magie dans leur vie quotidienne, bien qu'elle ait été interdite. Les Romains avaient recours à l'astrologie magique et utilisaient des amulettes, des incantations, des formules de guérison et de malédiction.[18] La question qui se pose aujourd'hui est de savoir qui est un sorcier, un magicien ou une sorcière. S'agit-il d'une personne occupant une position de domination mystérieuse ou d'une personne appartenant aux rangs inférieurs de la société ? Avant de répondre à ces questions, il est important de présenter l'auteur et les textes en question.

1.4 The works ofLuciușApuleiuș^The *Golden Ass* et *TheApolOgia*

L'*Âne d'or* et l'*Apologia* sont de bonnes sources pour la sorcellerie et la magie, car on pense que l'auteur de ces deux grands ouvrages a été jugé pour avoir utilisé des préparations magiques. Il s'est également intéressé à l'évolution de ces pratiques mystiques. Ces deux ouvrages ont été écrits par un homme né en Afrique, éduqué en Grèce et ayant grandi à Rome. Selon Michael Grant, elles ont été écrites dans le "style racé et extravagant des conteurs professionnels de l'époque".[19] En tant que tel, Apulée ne représente pas seulement un nouveau raffinement dans la gestion artificielle de la pensée et du langage, mais l'apparition à la surface de certaines qualités natives du latin, longtemps supprimées par la suprématie décisive de , la manière établie comme classique sous la république, mais toujours latente dans la structure et le tempérament de la langue. Après avoir lu ces deux romans, on se rendra compte que l'*Âne d'or* est un roman moral tandis que l'*Apologia* est un roman de défense.

---

15 Graves R, 1990, Op cit, p 31 - 36 - Pour montrer que l'art de la magie et de la sorcellerie était dangereux dans le livre d'Apulée, il faut se référer à l'histoire de l'art de la sorcellerie.
L'*âne d'or* de Larissa devait être payé une forte somme d'argent pour veiller sur un cadavre par nuit afin qu'aucun sorcier ou magicien ne le mutile avant son enterrement, et à un moment donné, un jeune homme a été défiguré par des sorcières qui l'avaient confondu avec le cadavre qu'il veillait la nuit où il était de service.
16 Mamercus Scaurus a également été accusé de pratiquer la sorcellerie - Tacite, Les Annales, livre 4, ln 29.
17 "Pythagore - Pythagore le philosophe grec" dans Occultopedia, l'occulte et l'inexplicable Encyclopédie, www.occultopedia.com/p/pythagoras.htm consulté le 15 juin 2012.
18 Arbel I., " Witchcraft the Dawn of Witchcraft " dans Encyclopedia Mythica, www.pantheon.org/areas/featured/witchcraft/chapter 2.html, consulté le 11 novembre 2011.
19 Graves R, 1990, Op cit, p xvi.

Néanmoins, les deux textes se concentrent principalement sur des questions liées à la magie et à la sorcellerie.

Lucius Apuleius - Il est né vers 125 après Jésus-Christ dans une colonie romaine, Madaurus, en Numidie, en Afrique du Nord (aujourd'hui Mdaourouch, dans l'est de l'Algérie) et a été éduqué à Carthage, d'où il s'est ensuite rendu à l'université d'Athènes. [20] Luca Graverini attribue à Apulée "trois cœurs", un cœur grec, un cœur romain et un cœur africain. Chacun de ces cœurs a influencé la manière dont il a écrit ses *Métamorphoses*.[21] Cela s'explique par son orientation sociale et académique. Il était l'un des meilleurs écrivains de son temps et s'intéressait beaucoup aux voyages. Il a passé une grande partie de sa vie à écrire et à donner des conférences. Bien qu'il n'ait été ni un orateur ni un philosophe, ses œuvres comprennent à la fois des discours et des traités philosophiques.

Apulée s'intéressait beaucoup aux questions religieuses. Il croyait en la magie et fut initié aux mystères d'Isis. Il est réputé avoir lui-même accompli des miracles nécessitant la maîtrise de la magie et de la sorcellerie. Cela lui valut d'être arrêté et jugé pour pratique de la sorcellerie à l'occasion de son mariage avec une riche veuve, Pudentila, la mère de son ami.[22] Ses œuvres comprennent des traités philosophiques ou mystiques tels que *Sur l'univers, Sur le dieu de Socrate* et *Sur Platon et sa doctrine*. Ses œuvres les plus célèbres sont l'*Âne d'or*, également connu sous le nom de *Métamorphoses*, l'*Apologia*, sa défense contre les accusations portées contre lui par[23], ainsi que les *Florides*. Il s'est surtout distingué en tant que romancier, auteur de romans en prose dans lesquels il a porté la *novella elocutio* à son apogée.[24] La communauté chrétienne en vint à considérer Apulée comme une incarnation de l'Antéchrist envoyée pour confondre les adorateurs du vrai Dieu.[25]

L'Âne d'or d'Apulée reste l'un des romans les plus anciens composés en latin. Les recherches menées depuis le milieu du siècle dernier sur sa dimension narratalogique ont presque formé une démarcation provisoire attribuant un rôle central aux thèmes de la magie, de la religion, de la justice, de la culture, de la prêtrise et de la philosophie.[26] Dans divers contextes littéraires et niveaux d'interprétation savante, ces thèmes ont tendance à être confinés à l'identité biographique d'Apulée en tant que prêtre provincial, homme d'État, philosophe platonicien et, en dernier ressort, conteur professionnel dont

---

20 Mackail J. W., 1909, Latin Literature, p 238 - Il s'agissait d'un jeune Romain nommé Grec, qui avait des moyens et était très en vue.
famille
21 Graverini L., Literature And Identity In The Golden Ass Of Apuleius, p 165.
22 L'ami d'Apulée, Sicinius Pontianus, est mort et sa belle-famille l'accuse d'avoir assassiné son ami.
Il tombe amoureux de la mère de son ami, Aemilia Pudentilla, qui utilise elle aussi la magie.
23 On pense qu'il a utilisé la magie pour tuer son ami et qu'il est tombé amoureux de sa mère.
24 Mackail J. W., 1909, Op cit, p 239.
25 Ibid, p 242.
26 Gamlath I., 2010, Degrees of unity in levels of motivation : desperate witches in Apuleius's Golden Ass and théurgistes dans Iamblichus de mysteries, p 196.

l'objectif principal est de créer un monde de paix et de prospérité, conteur professionnel dont l'objectif principal, dans les limites territoriales du roman comique, passe d'une enquête sur le rôle de la magie démoniaque en tant que pratique sociale, malgré son profil bas à l'époque de sa composition, à la révélation profonde du niveau suprême de la sagesse eschatologique englobant le paramètre mystique du culte d'Isis.[27]

The *Golden Aw*[28] - est un roman dans lequel un jeune homme nommé Lucius se rend à Hypata, une région de Grèce où la sorcellerie était notoirement répandue. Il s'y est rendu pour rencontrer un ami dans le cadre d'une affaire. En tant que jeune homme, Lucius était très curieux de découvrir tout ce qu'il avait appris de ses compagnons de voyage à Hypata. La description ultérieure de Lucius lorsqu'il partit à la découverte d'Hypata pourrait servir à définir la curiosité intellectuelle, mais il semblerait qu'il ait voulu en savoir beaucoup sur l'art de la sorcellerie. Il se lie avec la femme de chambre de son hôte, Fotis, afin qu'elle lui montre comment la femme de son hôte s'y prend pour réaliser ses performances. Lucius a ignoré les avertissements indirects qui lui ont été présentés, les récits de mise en garde et la statue d'Actéon. Il réagit à l'avertissement explicite selon lequel Pamphile, la femme de son hôte, était une puissante sorcière. Lorsque Fotis commença à révéler le rôle de la magie dans son cauchemar au Festival du rire, sa curiosité fut immédiatement éveillée.

La curiosité apparaît donc clairement comme la force qui a poussé Lucius à explorer la magie et qui l'a finalement conduit à se transformer en âne et à passer un long moment sous cette forme. Il a voyagé dans de nombreux endroits et a appris beaucoup de choses jusqu'à ce qu'il soit sauvé par la déesse Isis. Il se rendit compte que l'âme recherchait le bonheur et que celui-ci ne pouvait être atteint que par divers moyens, dont la sorcellerie. Il fit donc le serment de servir la déesse Isis pour trouver ce bonheur après qu'elle l'eut sauvé.

Comme le titre l'indique, "*Métamorphoses*" raconte toutes les transformations que subissent les sorcières lorsqu'elles sont sur le point d'accomplir leurs tâches "spéciales" consistant à contrôler le monde qui les entoure . Ce roman parvient à montrer que les femmes ne sont pas les seules à pratiquer la sorcellerie et la magie, mais que les hommes le font aussi. Lucius était curieux et voulait étudier l'art de la magie (*ars magica*) et s'est finalement transformé en âne.[29]

Parfois, la sorcellerie et la magie peuvent être une pratique familiale. Ainsi, dans L'*Âne d'or*, les sœurs Panthia et Méroé étaient toutes deux des sorcières et pouvaient avoir tout ce qu'elles désiraient.[30] Pour Apulée, toutes les sorcières ont des plans pour attraper leur proie. Les efforts des sorcières sont

---

27 Ibid.
28 Graves R, 1990, Lucius Apuleius : L'âne d'or, Angleterre, Penguin Books Ltd
29 Graves R., 1990, Op cit, p 50.
30 Ibid, p. 10.

couronnés de succès, que leur proie soit la bonne personne ou non. L'utilisation de la magie et de la sorcellerie entraîne des problèmes : Lucius s'est transformé en âne, Circé a transformé les hommes d'Ulysse en animaux, tandis que Calypso a perdu l'amour d'Ulysse. Médée a perdu sa famille.[31]

The *Apologia*[32] - Le cas de Lucius Apuleius est présenté au jury et il est accusé d'avoir utilisé la magie pour mettre fin à la vie de son ami, Sicinius Pontianus, et d'avoir épousé la mère de Sicinius Pontianus, Aemilia Pudentilla. Dès le début de sa défense, Apulée commence par plaider non coupable des accusations portées contre lui.

Après avoir présenté son cas devant le jury, Lucius Apuleius se défend de chaque accusation portée contre lui. Il est accusé de pratiquer la magie, qu'il appelle l'art noir, et sa défense est bien articulée dans son traité, l'*Apologia*. Pour lui, la curiosité pour des choses telles que la magie et la sorcellerie est dangereuse et est généralement suivie d'une lourde punition qui ne peut être soulagée que par la sagesse qui vient de la souffrance. Il est accusé de posséder des objets soupçonnés d'avoir été utilisés, par magie, pour obtenir l'amour de la mère de son ami et pour assassiner son beau-fils.

Dans le cadre de cette recherche, le procès sert de plate-forme pour expliquer si la sorcellerie est pratiquée uniquement par les femmes. L'*Apologia* indique pourquoi la magie et la sorcellerie sont pratiquées, et Apulée lui-même tente d'expliquer sa position en expliquant d'abord les racines du terme "magie", puis en se défendant en affirmant qu'il n'est ni magicien ni sorcier.[33] L'*Apologia* prouve également que les personnes accusées de sorcellerie avaient la possibilité de se défendre au cas où elles auraient été accusées à tort. Plus important encore, l'*Apologia* montre un homme jugé pour sorcellerie, réfutant ainsi l'affirmation selon laquelle seules les femmes peuvent être des sorcières.

1.5 Cadre conceptuel

Il s'agit là de quelques-uns des principaux termes utilisés dans cette thèse :

Sorcellerie - C'est l'art ou le pouvoir de faire intervenir un pouvoir magique ou préternaturel, ou l'acte ou la pratique de tenter de le faire. La sorcellerie désigne un pouvoir maléfique inné chez certaines personnes, capable de nuire mystérieusement à d'autres, et ne se distinguait pas de la magie dans l'Antiquité. Dans l'Antiquité, on ne distinguait pas la sorcellerie de la magie. Les morts inattendues, les maladies et les malheurs s'expliquaient principalement par la sorcellerie.[34] Voici quelques-uns des termes latins utilisés pour désigner la sorcellerie : *ars magica, ars maga, magica disciplina, magia,*

---

31 La curiosité pour l'occultisme est téméraire et dangereuse, et la méchanceté suit toujours.
32 Butler H. E., Lucius Apuleius : The Apologia, Internet Classics Archive
http://classics.mit.edu//Apuleius/apol.html
33 Bulter H. E., The Defense by Apuleius , http://classics.mit.edu//Apuleius/apol.html récupéré le 7 mars. 2011.
34 Lagerwerf L., 1987, Witchcraft, Sorcery and Spirit Possession : Pastoral Response in Africa, p 5.

magicum.[35] Dans les œuvres de Saint Augustin, les termes habituels pour désigner la sorcellerie sont *magica, artes magicae*, ou simplement *ars*.[36] La sorcellerie allait à l'encontre de la religion établie et, plus tard, elle a commencé à être identifiée aux œuvres du diable.

Magie - L'art qui, par l'utilisation de sorts, est censé invoquer des pouvoirs surnaturels pour influencer les événements, parfois connu sous le nom de sorcellerie. Il s'agit de toute tentative de contrôle de l'environnement de l'individu par des moyens non testés ou non testables, tels que les charmes et les sortilèges. Cette pratique était connue sous les noms de *mageia* et *magos* en grec et *magia* et *magus* en latin.[37] Depuis les premiers siècles, vers le 8ᵉ siècle avant J.-C., la sorcellerie n'a jamais été considérée comme quelque chose de spécial et de radicalement différent de la religion et de la médecine, mais au fil du temps, en particulier au cours du 1er siècle après J.-C., elle a été utilisée à d'autres fins ; les autorités romaines ont donc aboli l'art de la magie, et toutes les sociétés ont alors opposé la religion et la magie[38] , la religion produisant des miracles tandis que la magie produisait des œuvres du diable. Jean Botlero, historien français, définit la magie comme "...un système de faits sociaux, fondé sur la croyance en l'efficacité immédiate d'un certain nombre d'attitudes, de procédés et d'éléments, qui était généralement employé pour créer des effets bénéfiques , mais dont les rapports avec sa cause étaient, de notre point de vue, parfaitement irrationnels".[39]

Sorcière - Personne, généralement de sexe féminin, qui pratique ou prétend pratiquer la magie ou la sorcellerie, en particulier l'art noir, ou dont on pense qu'elle a des relations avec le diable. Selon Chavhunduka, une sorcière est définie en anthropologie sociale comme une personne en qui réside une méchanceté distincte et inhérente, qui fait du mal à ses semblables par des moyens mystérieusement secrets.[40] Le premier nom latin pour le terme sorcière était *praestigiatrix* - prophétesse, et *praecantrix* - diseuse de bonne aventure.

Les auteurs latins les appellent *sagae* ou *sagae mulieres*.[41] Les sorcières travaillent la nuit, c'est pourquoi elles sont appelées *nocturnes*. Certaines sorcières ont la capacité de changer de forme et sont appelées *strigae* ; Apulée et Pamphille, la femme de Milo, entrent dans cette catégorie, et celles

---

35 Cela montre que le terme "sorcellerie" était considéré différemment par de nombreuses sociétés du monde antique et qu'il a été appris par d'autres. On pense que les Romains ont emprunté cet art aux Étrusques. Ils avaient hérité d'une forte tradition de sorcellerie des anciens habitants de l'Italie.
36 Keeman M. E., juillet 1940 , 'The terminology of witchcraft in the works of Augustine' in Classical Philology, vol. 35 numéro 3, pg 294-295 - Saint Augustin ne distingue pas beaucoup les termes et il soutient que *les artes magiae* sont *impiae artes, artes vanae et malae* et que la sorcellerie, tant dans son origine que dans son succès, est l'œuvre des démons et que toutes ces pratiques doivent être considérées comme des *artes demonicae* et *ritus falsae demonum*.
37 Burris E. E., avril 1936, " The Terminology Of Witchcraft " dans Classical Philology, vol. 32 no.2, p 138.
38 La magie diffère de la religion comme les mauvaises herbes diffèrent des fleurs - Robert Potter.
39 Jean Claus di Basio, Ars Arcana : Magic in the Roman World, http://what is witchcraft.blogspot.com, consulté le 20 janvier 2012.
40 G. L. Chavhunduka, 1980, Op cit, p 132.
41 Burris E. E., avril1936, Op cit, p138

qui se transforment en animaux, en particulier en loups, sont connues sous le nom de *versipelles*.⁴²
On croit parfois qu'une sorcière ne peut pas s'empêcher d'être une sorcière et qu'elle peut même ne pas savoir qu'elle est une sorcière. Les sorcières sont associées à des activités telles que la préparation de décoctions, le vol sur un balai, l'accompagnement d'animaux et, dans la vision moderne, elles se déplacent nues la nuit.

Lamiae - Dans la mythologie classique, Lamia était la fille de Poséidon et la mère de la Sibylle libyenne. C'était un monstre qui volait les enfants et terrorisait les nourrices. Les esprits féminins qui s'attachaient aux enfants pour leur sucer le sang étaient également appelés Lamiae. D. W. Leinweber utilise ce mot de manière interchangeable avec le mot sorcière. On pense qu'il s'agit de la même chose, car les attributs de la lamia sont les mêmes que ceux d'une sorcière, de sorte que, dans cette recherche, une sorcière est une lamia.⁴³ Les Lamiae utilisaient la sorcellerie pour se parer d'une beauté séduisante qui attirait les jeunes gens sensibles à leur pouvoir, et c'est également le cas de Pamphile qui séduisait les jeunes gens pour qu'ils l'aiment grâce à ses sortilèges nocturnes.⁴⁴ Le terme "Lamia" en est venu à désigner toute sorcière ou démon ayant des penchants similaires et a été reconnu par la suite comme le précurseur des vampires modernes.

Sorcier - Un sorcier masculin, ou un homme qui pratique ou prétend pratiquer la magie ou la sorcellerie. Le nom latin d'un sorcier est régulièrement *praestigiator*. Mais en général, un sorcier était appelé *magus, sagus, maleficus, veneficus* ou *vates*.⁴⁵ Pour les Romains, *le magus* était le pendant masculin de la sorcière. Apulée donne une autre définition du *mage* : il s'agit de celui qui acquiert le pouvoir d'accomplir tout ce qu'il souhaite en parlant aux dieux par des incantations (*Apol.* 26). Ce *mage* s'intéresse également de près aux mécanismes de la providence et voue un culte excessif aux dieux (*Apol.* 27). Le magicien est un observateur attentif du monde naturel qui l'entoure, dont le sens des causes et des effets a été déformé par sa tendance mystique ou par son ignorance de la véritable méthode scientifique. Le fait que l'on nous présente un nom et une définition pour un homme qui pratique la sorcellerie montre que les actes de magie et de sorcellerie n'étaient pas limités à un certain sexe, mais qu'ils étaient pratiqués aussi bien par les hommes que par les femmes.

Sorcellerie - La sorcellerie consiste à faire des offrandes aux esprits utiles ou à utiliser des charmes. On la retrouve dans presque toutes les sociétés traditionnelles. Ces pratiques diffèrent de la religion, dans laquelle les dieux sont vénérés avec admiration ou implorés par la prière, et des arts sophistiqués des alchimistes et des magiciens de cérémonie. La sorcellerie a pour but de forcer les résultats plutôt

---

42 Ibid, p. 139.
43 Leinweber D. W.,1994,La sorcellerie   et Lamiae dans l'âne d'or, p 77.
44 Ibid.
45 Burriss E. E., avril 1936, Op cit, p141.

que de les obtenir par la prière, et elle est pratiquée avec des moyens simples et ordinaires.[46] Les courants religieux dominants ne font pas de distinction entre la magie et la sorcellerie, car ils pensent que toutes deux sont des moyens utilisés par le diable pour amener les gens à se détourner de leurs croyances religieuses.

1.6.1 Objectif

L'objectif de cette recherche est d'examiner le rôle des femmes dans la pratique de l'art de la sorcellerie et de la magie, et les raisons pour lesquelles les femmes sont le plus souvent accusées de pratiquer la magie dans les sociétés anciennes, c'est-à-dire dans les mondes romain et grec, en mettant l'accent sur le roman *L'âne d'or* de Lucius Apulée.

1.6.2 Objectifs

a) Montrer comment la société antique considérait les femmes par rapport à la pratique de la magie et de la sorcellerie, et la pratique de la magie et de la sorcellerie dans l'*Âne d'or* d'Apulée, en se concentrant sur des personnages tels que Meroe, Lucius et d'autres, et vérifier si ces pratiques étaient uniquement orientées vers les femmes ( ) ou si elles incluaient une contrepartie masculine ;

b) Faire remonter à la surface la position des femmes dans le monde antique (Grèce et Rome) ;

c) Étudier quelques-uns des cas où des femmes ont été vues en train de pratiquer la magie et la sorcellerie dans les mondes romain et grec de l'Antiquité.

d) Enquêter sur certains cas où des hommes semblent pratiquer la magie et la sorcellerie.

1.7 Méthodologie et méthodes de recherche

La sorcellerie et la magie étaient des phénomènes extraordinaires dans le fonctionnement quotidien d'une société ancienne (et le sont encore dans le monde contemporain). Cette recherche se concentre sur la sorcellerie, la magie et les femmes dans le monde antique, à l'aide d'un roman ancien, *L'âne d'or* de Lucius Apulée. Cette recherche utilise l'analyse de données qualitatives comme moyen d'approuver ou de réfuter l'idée que les femmes sont les seules à pratiquer la magie et la sorcellerie, et de vérifier si les hommes ne participent pas également à ces phénomènes.

Les sources primaires sont d'une importance capitale dans cette recherche. L'accent sera mis sur *L'Âne d'or* de Lucius Apulée, qui se prête davantage à la critique littéraire, ainsi que sur son traité *L'Apologie*, qui se prête à une interprétation philosophique dans laquelle les points de vue des philosophes anciens (par exemple, Platon et Aristote) sont critiqués. L'approche phénoménologique aidera à comprendre les points de vue de poètes comme Homère et Hésiode, et d'écrivains religieux comme Saint Augustin. La recherche évaluera également les points de vue de chercheurs

---

46 Ellwood R. S., Sorcellerie, Encyclopédie en ligne, http://encarta.m.s.n.com

contemporains tels que Keeman (1940), Ogden (2002), Leinweber (1994), Gamlath (2010), Gibson (1979) et bien d'autres, dont les travaux portent sur l'*Âne d'or* et sur la magie et la sorcellerie.

1.8 Revue de la littérature

1.8.1 L'érudition ancienne

Alors qu'Hésiode tente de donner un conseil constructif à son frère Persès, il lui dit qu'il devrait éviter les femmes, car elles sont des obstacles à son progrès. Pour Hésiode, les femmes sont la source de tous les maux, elles engendrent la douleur et la misère.[47] Il raconte l'histoire de Pandore, une histoire qui montre comment les problèmes de tous les hommes sont apparus par l'intermédiaire de la femme.[48] Mais en même temps, il montre à quel point un homme est malheureux sans femme. Ce faisant, *Works and Days* fait remonter à la surface les points de vue des hommes des sociétés anciennes sur la position des femmes. Une lecture approfondie de cette épopée ( ) permet de comprendre comment Hésiode tente de décrire l'aspect négatif de la femme et la menace qu'elle représente pour l'univers.

La Théogonie d'Hésiode décrit comment le monde est né. Elle met en évidence le fait que tous les dirigeants de l'univers - les dirigeants des hommes et des dieux - sont décrits comme des hommes, par exemple Kronos, Zeus, Hadès ; et elle montre que les femmes, les déesses, avaient moins d'autorité dans la direction de l'univers. Les déesses ont toujours été placées sous l'autorité des dieux. Dans son épopée, Hésiode raconte comment les hommes ont subi les souffrances des dieux. Bien que ce soit l'astucieux Prométhée qui soit à l'origine du chagrin des hommes, c'est la femme qui finit par leur causer des ennuis. Pandore portait avec elle la jarre remplie de toutes sortes de problèmes pour tous les hommes, qu'elle donna à Epiméthée ; il ne restait plus que l'espoir pour les hommes.[49] Cela donne une idée de la position de la femme dans le monde en général.

Cette conception de l'infériorité est bien reconnue par Aristote dans les *Politiques*. Pour Aristote, la femme est toujours sous l'autorité de l'homme. Il la qualifie de subordonnée, de mâle déformé, d'homme inachevé, autant de noms qui placent la femme dans une position d'infériorité par rapport à son homologue masculin. Pour Aristote, la femme est faible physiquement et mentalement, et permet donc passivement à l'homme de la dominer.[50] En raison de ces conceptions illustrées par Aristote, il semble que les femmes aient cherché d'autres moyens d'élever leur esprit et de dominer leurs homologues masculins dans d'autres domaines de la vie. En soi, cela les expose à l'art de la sorcellerie et on ne peut nier que les femmes du monde antique étaient curieuses de pratiquer la sorcellerie et la

---

47 Ibid, p 62, 70.
48 Ibid, p. 61.
49 Ibid, p. 39-40.
50 La relation homme-femme est par nature une relation de supérieur à inférieur, de gouverné à gouvernant.

magie pour contrôler tout ce qui les entourait.

Dans la *République*, Platon n'est pas du même avis. Il ne considère pas la femme comme un objet inférieur. Au contraire, il donne une position possible à la femme dans la société. Pour Platon, les femmes et les hommes doivent recevoir la même formation dans la vie.[51] On peut déduire des déclarations de Platon, par exemple, que si un homme et une femme peuvent recevoir la même formation, cela signifie qu'un homme peut également recevoir une formation et participer à la pratique de la magie et de la sorcellerie, puisque ces phénomènes peuvent également être enseignés. Dans les *Lois, le* point de vue de Platon est clair lorsqu'il témoigne de la croyance dans le pouvoir du sorcier ou du magicien ;[52] Ainsi, les hommes et les femmes peuvent pratiquer la sorcellerie et la magie car, selon Platon, ils peuvent tous deux recevoir la même éducation sur le plan physique et intellectuel.

La seule différence que Platon mentionne entre les hommes et les femmes, et qui peut être considérée comme pertinente pour définir la place de la femme dans la société, est que la femme porte et que l'homme engendre ;[53] mais lorsqu'il s'agit d'activités sociales, les hommes et les femmes se partagent les tâches et remplissent les mêmes fonctions, produisant ainsi les meilleurs résultats dans la société. En conclusion, on peut affirmer que les hommes et les femmes sont capables de pratiquer la sorcellerie et la magie.

Si cela est vrai pour Platon, il n'en va pas de même pour Aristote et d'autres. L'argument d'Aristote remonte à la responsabilité de la reproduction et il soutient que pendant la reproduction, la femme est passive et est le bénéficiaire, et qu'elle devrait donc laisser l'homme la dominer passivement dans la gestion des activités quotidiennes.[54] Pour Aristote, les femmes ont leur propre rôle dans le ménage, qui consiste à préserver ce que l'homme acquiert, et la relation d'une femme avec son mari est celle d'une femme inférieure et dominée. Ce point de vue s'accommode donc de l'opinion selon laquelle une femme a recours à d'autres pratiques dans la société, telles que l'adhésion à des cultes, pour se libérer de la servitude matrimoniale et pour contrôler son ménage si elle en a l'occasion.

Dans son *De Divinatione*, Cicéron commence par définir le terme "divination" comme une méthode permettant de connaître l'avenir :

Vetus opinio est iam usque ab heroicis ducta temporibus, eaque et populi Romani et omnium gentium firmata consensu, versari quandam inter homines divinationem, quam Graeci mantiken appellant, id est praesensionem et scientiam rerum futurarum.[55]

---

51 Lee H. D. P., 1960, Platon - La République, p 204 - 205.
52 Levack B. P., 1992, Witchcraft in the Ancient World and the Middle Ages, p 99.
53 Ibid, p 209.
54 Fouts S., 2007, Aristotelian views of women, www.associatedcontent.com
55 Marcus Tullius Cicero, 1923, De la divination (de Divinatione), réédité par Bill Thayer, Loeb Classical Library, http://penelope.uchicago.edu/Thayer/E/Roman/Texts/Cicero/de Divinatione/

"Il existe une ancienne croyance, qui nous a été transmise depuis les temps mythiques et qui est fermement établie par l'accord général du peuple romain et de toutes les nations, selon laquelle une certaine forme de divination existe parmi les hommes ; c'est ce que les Grecs appellent mantike, c'est-à-dire la prévision et la connaissance des événements futurs."[56]

Il continue à expliquer ce phénomène en donnant des exemples de ceux qui pratiquent cet art et les raisons pour lesquelles ils le pratiquent, et ce faisant, il classe l'*ars magica* comme faisant partie de ce phénomène.[57] En fin de compte, en tant que philosophe, bien qu'il ne veuille jamais porter de jugement sur tous ses sujets, il émet un avis selon lequel il ne croit pas à cet art et le considère comme une superstition plutôt que comme une partie de la religion, et il ne reconnaît pas ceux qui pratiquent cet art comme des devins.

Apulée n'est pas le seul à s'intéresser aux histoires de transformation de personnes en animaux et en objets, Ovide a également écrit un ouvrage complet qui raconte différentes transformations dans l'Antiquité. *Les Métamorphoses* d'Ovide sont une fausse épopée qui raconte de nombreux récits de la Grèce et de l'Europe.

Les mythes romains. Le titre de cette œuvre, *Métamorphoses*, signifie transformation d'une forme en une autre. Le poète raconte que des hommes et des femmes sont transformés en animaux, en arbres, en pierres, en étoiles et en bien d'autres choses, à l'instar de *L'Âne d'or* de Lucius Apulée, où le personnage principal est transformé en âne à la suite d'une potion magique qu'il a absorbée.[58] Une compréhension plus approfondie de ces contes montre que ces transformations ne sont pas de simples événements, mais plutôt le résultat d'actions magiques ou de sorcellerie.

Un aperçu clair de ces contes met en lumière les raisons pour lesquelles ces tours de magie étaient pratiqués et il est clair qu'ils étaient pratiqués pour le bénéfice du protagoniste qui transformait sa proie.[59] Il est également clair que ces actes n'étaient pas seulement accomplis dans le mauvais sens du terme, mais parfois pour de bonnes raisons.[60] Il est difficile de présenter une telle image aux autres, car certains considèrent que tout ce qui est fait par le biais de la magie n'est pas bon. Saint Augustin d'Hippone (354 - 430 après J.-C.) s'opposait à l'idée qu'il existait une bonne magie, qu'Apulée voudrait parfois considérer comme de la magie blanche.[61]

Pécheur depuis son enfance, Saint Augustin a beaucoup appris sur le mal, et dans les *Confessions*, il explique les raisons pour lesquelles on s'engage dans de tels actes. Après sa conversion, Saint

---

56 Ibid.
57 Ibid.
58 Graves R., 1990, <u>Op cit,</u> p 48 - 51.
59 Innes M.M., 1955, <u>Ovide : Métamorphoses,</u> p 62 -63, p 100 - 101, p 321 - 322.
60 Ibid, p 155 - 178, p 255.
61 Butler H. E., <u>Op cit,</u> http://classics.mit.edu//Apuleius/apol.html

Augustin considère la pratique de la magie comme un mal, et ayant été membre des Manichéens, il était capable de faire la distinction entre le bien et le mal ; il était donc d'avis que le mal est simplement l'absence de bien.

Pour Saint Augustin, il semblerait que la pratique de la sorcellerie et de la magie soit mauvaise, et ces pratiques sont toujours des maux causés par le mauvais usage du pouvoir de choix qui repose dans l'être humain individuel ; par conséquent, ces pratiques nuisent à autrui.[62] Saint Augustin considère la sorcellerie et la magie comme un mal moral qui relève de la responsabilité humaine et non de l'activité créatrice de Dieu, qui ne peut survivre que dans le monde des ténèbres. Sur la base des *Confessions*, il est clair que la pratique de la magie et de la sorcellerie est le résultat d'un mauvais usage par l'homme du libre arbitre que Dieu lui a donné pour qu'il en fasse un usage sage et correct.

1.8.2 L'érudition contemporaine

Dans son article intitulé "Le rôle des femmes et de la magie dans L'âne d'or d'Apulée", Nicole Smith explique qui pratique l'art de la magie et de la sorcellerie et comment, en se référant à *L'âne d'or*. Pour elle, il semble que la femme soit la plus impliquée dans la pratique de la magie et de la sorcellerie, et que ces femmes s'en prennent le plus souvent à leurs homologues masculins.[63] Pour elle, la raison pour laquelle les femmes choisissent cette profession est qu'elles sont considérées comme des objets inférieurs à l'homme, et qu'elles essaient donc d'autres activités où leur suprématie peut être ressentie.[64]

Cary et Haarhoff affirment que dans les sociétés grecque et romaine, la femme était soumise à l'autorité de l'homme et devait suivre les ordres de son mari.[65] Si elle n'était pas mariée, elle était soumise à l'autorité de son père ou d'une figure masculine de la famille. Les femmes romaines et spartiates semblaient jouir d'une grande liberté, contrairement aux femmes d'autres sociétés.[66] Dans d'autres sociétés, les femmes avaient trouvé dans la religion et d'autres fêtes des moyens d'atteindre leur liberté, y compris la pratique de la magie et de la sorcellerie.[67] Stambough explique comment les femmes étaient considérées à trois niveaux, en tant que filles, épouses et mères, et explique leur influence dans différents domaines de la vie.[68] Dans le monde romain, les femmes jouissaient d'un plus grand prestige que leurs homologues grecques, mais les deux parties n'avaient aucune autorité

---

62 Ibid, p 72 - 73, 172 - 175.
63 Lucius était incapable de contrôler son appétit sexuel lorsqu'il s'approchait de Fotis, et l'on soupçonne qu'il s'agissait d'un problème de santé publique.
Fotis était peut-être membre d'un "groupe de sorciers" car elle connaissait toutes sortes de potions et elle a peut-être utilisé des philtres d'amour pour séduire Lucius afin qu'il ne lui résiste pas.
64 Smith N., The Role of Women and Magic in The Golden Ass by Apuleius, www.articlemyriad.com
65 Cary M. et Haarhoff T.   J.,1966, Life And Thought In The Greek And Roman World, p142-146.
66 Ibid.
67 Ibid.
68 Stambough   J. E.,1988,L'ancien romaine romaine,   p158 et suivantes.

sur l'état des affaires de la cité. Ce texte permettra d'expliquer les rôles des hommes et des femmes vis-à-vis de la pratique de la sorcellerie dans les sociétés anciennes.

Walter B. Gibson explique comment la société antique percevait la sorcellerie et, ce faisant, il donne à de nombreux exemples de femmes et d'hommes impliqués dans la pratique de cette profession, et il explique pourquoi ils ont choisi cette profession plutôt que d'autres "meilleures". Gibson donne l'exemple de plusieurs sorcières, telles que Pamphile, Méroé, Fotis, Médée, Lamia, et explique comment elles exerçaient leur métier. Il donne l'une des recettes que Médée utilisait pour rajeunir la jeunesse et la beauté.[69] Il explique d'où vient le mot *Lamia*, tout en réussissant à discuter de la sorcellerie selon la façon dont Apulée la présente.

McClymont met en évidence le fait que certaines personnes considérées comme des magiciens ou des sorcières dans le monde homérique finissent par être divinisées ou par ressembler à des dieux.[70] Il poursuit en donnant les exemples de Calypso, Circé et Éole. La question qui se pose maintenant est la suivante : est-ce vrai pour toutes les sorcières ou McClymont ne s'intéresse-t-il qu'à des personnages tels que Circé et Calypso, qui sont considérées comme des sorcières et des déesses ? Aaron J. Atsma présente un nouveau personnage qui est loué par toutes les sorcières, tous les magiciens et tous les sorciers.[71] La déesse grecque Hekate est considérée comme la mère de la magie, de la sorcellerie, des fantômes, de la nécromancie et de la divination. Elle possédait de nombreux pouvoirs, était honorée par les dieux immortels et était un aspect d'Artémis. S'il existe une déesse considérée comme la mère de toutes les sorcières, comment une sorcière terrestre peut-elle être considérée comme un dieu ou une déesse, comme l'affirme McClymont, et sur quoi repose sa divinité ? Les réponses à cette question se dévoilent au fur et à mesure de la discussion.

Eli Edward Burris définit et explique les termes "sorcière", "magicien" et "sorcellerie", ce qui permet de savoir si la magie et la sorcellerie sont identiques. Dans son article "The Terminology of Sorcellerie" : il semble qu'il n'y ait pas de différence entre la sorcellerie et la magie.[72] Les sociétés anciennes, en particulier les Romains, comme il l'explique, avaient de nombreuses significations ou définitions des termes "sorcière" et "magicien", mais les termes qui ont survécu jusqu'à aujourd'hui sont *magia*, qui signifie sorcellerie ou magie, *sagae* ou *sagae mulieres* pour sorcière et *magus* pour un homme qui possède ces pouvoirs sur toutes les choses, c'est-à-dire un magicien.[73]

---

69 Gibson W. B., 1979, "Witchcraft Among The Ancient" dans <u>Witchcraft ; A History Of The Black Art</u>, p 3 - lt.
Elle a inclus la peau séchée d'un serpent d'eau, du givre recueilli au clair de lune, la tête et les ailes d'un hibou, les entrailles d'un loup, des morceaux d'écaille de tortue, la tête et le bec d'un ancien corbeau, le foie d'une scorie vivante et elle a mélangé tous les ingrédients à l'aide d'une branche séchée d'olivier.
70 McClymont J. D., 2008, "The Character Of Circe In The Odyssey" dans <u>Akroterion</u>, Vol. 53, p22.
71 Atsma A. J., 2008, Hekate<u>www.theoi.com/EncycA.html</u>
72 Burris E. E., avril 1936, <u>Op cit</u>, vol. 32 no.2, p 137.
73 Ibid , p 137, 138, 139-140.

Robert S. Ellwood décrit la sorcellerie d'un point de vue à la fois sociologique et psychologique ( ). Il poursuit en donnant différentes définitions avancées par différents chercheurs quant à la signification du terme "sorcellerie". Il présente également les différents points de vue des poètes et romanciers grecs et romains de l'Antiquité, tels qu'Horace et Apulée. Pour Ellwood, les sorts et les malédictions sont combattus par les sorciers et les magiciens ; ainsi, dans L'*Âne d'or*, pour déterminer la cause de la mort d'un jeune citoyen d'Hypata, un devin, Zatchlas l'Égyptien, a été consulté.[74] Ellwood affirme que, sociologiquement, la pratique de la magie et de la sorcellerie dans une société est destinée à renforcer et à consolider les croyances concernant le monde surnaturel et les relations des humains avec ce monde. D'un point de vue psychologique, il considère la pratique de la magie et de la sorcellerie comme un moyen d'établir un sentiment de contrôle sur la nature et d'atténuer ainsi les angoisses causées par les maladies, les saisons incertaines et les catastrophes naturelles.[75]

E. E. Evans-Pritchard donne ensuite une vision anthropologique de l'art de la magie et de la sorcellerie. Il distingue les termes "magicien", "sorcière" et "sorcier", et la manière dont ils sont utilisés par les différents spécialistes.[76] Il observe que, d'un point de vue anthropologique, les sorcières se distinguent des sorciers par le fait qu'elles n'utilisent pas d'outils physiques ou d'actions pour jeter un sort. Leur *maléfice* est perçu comme provenant d'une qualité intérieure intangible, et la personne peut ignorer qu'elle est une sorcière ou avoir été convaincue de sa propre nature maléfique par la suggestion d'autres personnes.[77] Les sorcières sont considérées comme des conspiratrices diaboliques contre la vraie religion. Le concept de sorcellerie comme nuisible est traité comme une idéologie culturelle, un moyen d'expliquer le malheur humain en blâmant une entité surnaturelle ou une personne inconnue dans la communauté. Evans-Pritchard explique que les pouvoirs d'une sorcière infligent des dommages aux membres d'une communauté ou à leurs biens.

* Les allégations de sorciers, de sorcières et de sorcières surnaturelles peuvent résulter de tensions sociales. Éva Pócs identifie trois types de sorcières dans la croyance populaire :[78]

* La sorcière de quartier ou sorcière sociale qui maudit un voisin à la suite d'un conflit. Les sorcières de quartier sont le produit de tensions entre voisins et ne se rencontrent que dans les villages de serfs autosuffisants où les habitants dépendent largement les uns des autres. Ces accusations ( ) font suite à la violation d'une norme sociale, comme le fait de ne pas rendre un objet emprunté, et toute personne faisant partie d'un échange social normal peut potentiellement être soupçonnée.

---

74 Graves R., 1990, Op cit, p 34.
75 Ellwood R. S., Sorcellerie, Encyclopédie en ligne, http://encarta.m.s.n.com
76 Evans-Pritchard E. E., 2010 , 'Witchcraft' in the Wikipedia, The Free Encyclopedia, http ://en.wikipedia. org/wiki/Witchcraft/
77 Ibid.
78 E. Pócs, 1999, p 9-10.

* Le magicien, le sorcier ou la sorcière est généralement un guérisseur professionnel, un sorcier, un voyant ou une sage-femme, ou une personne qui, grâce à la magie, a accru sa fortune au détriment d'un ménage voisin, mais en raison des rivalités entre voisins ou entre communautés et de l'ambiguïté entre magie positive et magie négative, ces personnes peuvent être qualifiées de sorcières.

* Le surnaturel ou la nuit qui est dépeint dans les récits judiciaires comme un démon apparaissant dans les visions et les rêves. Les sorcières surnaturelles, en particulier, n'avaient souvent rien à voir avec les conflits communautaires, mais exprimaient les tensions entre les mondes humain et surnaturel, et leur travail se terminait de préférence dans l'obscurité, la nuit.

1.9 Résumés des chapitres

a) **Chapitre 2 - Magie et sorcellerie dans les sociétés anciennes**

Ce chapitre examine comment les anciens de Rome, de Grèce et d'Égypte percevaient les effets de la magie et de la sorcellerie dans leur vie. Il est bien connu que la magie était un phénomène important dans les sociétés anciennes, y compris dans les sociétés grecque et romaine.[79] La magie et la sorcellerie étaient acceptées par "presque tous" les peuples anciens comme une force réelle et ceux qui s'y opposaient n'en niaient pas l'efficacité. Dans les sociétés anciennes, la magie et la sorcellerie étaient considérées comme plus anciennes et plus puissantes. Ces phénomènes attiraient les gens parce qu'ils étaient pratiques et avaient un sens pour eux, car tout avait une raison, souvent cachée au commun des mortels, mais pouvant être révélée aux connaisseurs : les magiciens, les sorciers et les sorcières.

b) **Chapitre 3 - Femmes, magie et sorcellerie**

Il existe différentes raisons pour lesquelles une personne peut être accusée de pratiquer la magie et la sorcellerie, comme en témoignent certains des objets qu'elle peut posséder. Ce chapitre mettra en évidence les indicateurs qui montrent qu'une personne est une sorcière, un magicien ou un sorcier, les raisons pour lesquelles elle pratique la magie et la sorcellerie, et comment la magie et la sorcellerie sont apparues. Dans l'Antiquité grecque et romaine, les femmes trouvaient d'autres activités pour se libérer de l'esclavage auquel elles étaient confrontées. Dès que la jeune fille atteignait la puberté, les fiançailles et le mariage suivaient . Les filles n'avaient donc aucune liberté de choix et les femmes n'avaient aucune influence sur la prise de décision à cette époque.[80] Une femme passait la plupart de son temps à la maison et était sous l'autorité d'un homme qui était le chef de la famille ; en tant que fille, elle était la propriété de son père, et en tant qu'épouse, elle devait obéir aux ordres de son mari.

---

79 Ruiz-Montero C., 2007, "Magic in the Ancient Novel" In Paschalis M. et al (eds.), <u>The Greek and the Lectures parallèles de romans</u>, p 38
80 Voir pages 36 - 41

Les points de vue d'autres chercheurs seront également mis en évidence afin d'atteindre l'objectif de cette thèse, qui est de donner les raisons pour lesquelles les femmes sont accusées de pratiquer la sorcellerie et de vérifier si elles sont les seules à pratiquer cet art ou si les hommes y sont également impliqués.

c) **Chapitre 4 - Conclusion**

Un résumé de l'ensemble du projet sera présenté dans ce chapitre, soulignant certains des faits déjà discutés dans l'ensemble de la recherche concernant les femmes, la magie et la sorcellerie dans le monde antique de la Grèce et de la Rome.

Chapitre 2 : Magie et sorcellerie dans les sociétés anciennes

2.1 Introduction

Dans une plus large mesure, les sorcières sont souvent dépeintes comme illimitées dans l'exécution de rites magiques. Les sorcières de l'Antiquité avaient une façon bien à elles de tromper les gens en leur faisant boire ce qu'elles disaient être quelque chose d'agréable, par exemple un philtre d'amour. On trouve des femmes dotées de capacités surnaturelles dans toutes les cultures anciennes, souvent dans un but positif ou négatif dans la vie de tous les jours et dans la quête du savoir. Les femmes sorcières sont beaucoup plus présentes que leurs homologues masculins dans le monde classique, mais cela signifie-t-il que les femmes étaient plus enclines que les hommes à se tourner vers la sorcellerie dans la réalité ? Les réponses à cette question apparaissent après un examen approfondi de ces phénomènes pratiqués dans les sociétés anciennes.

2.2 Rome

La sorcellerie était très populaire chez les Romains,[81] et une grande partie de la sorcellerie occidentale moderne est dérivée de cette période. Les Romains ont hérité d'une forte tradition de sorcellerie des Étrusques qui habitaient l'Italie avant eux. Certains actes de sorcellerie sont apparus lors de la conquête d'autres nations.[82] Au fur et à mesure que l'empire s'étendait, les Romains ont superposé leurs traditions sur d'autres terres, ce qui a entraîné la propagation d'actes de sorcellerie.

Dans la Rome antique, une certaine dose de magie était ouvertement reconnue dans la religion d'État et le succès de Rome en tant que puissance impériale était accrédité par cette combinaison. À cette époque, la religion et la magie étaient étroitement liées et, dans certains cas, entremêlées. Cependant, comme cette religion était financée par l'État, elle appartenait donc à l'État et était organisée par lui. C'est pourquoi la religion était la loi et vice-versa. Toute nouvelle religion, culte ou groupe prétendant posséder des pouvoirs magiques menaçait la religion d'État et donc l'autorité absolue de la classe patricienne sur la ville.[83] Rome était dirigée par la classe supérieure riche qui avait passé de nombreuses générations à s'assurer qu'il en serait toujours ainsi. Cela montre que toute la gestion quotidienne de l'État était entre les mains de la classe riche. L'apparition de la sorcellerie comme nouvelle religion à Rome représentait donc une menace pour tous les citoyens riches, en particulier les hommes, car leur doigt désignait la femme comme protagoniste de cette nouvelle caractéristique

---

81 Les Romains ont fait l'éloge d'une sorcière légendaire qui a guidé Énée jusqu'à l'Averne. On l'appelait la Sibylle, et les oracles du temple de Jupiter, consultés en cas d'urgence nationale, portaient son nom et sont connus sous le nom de livres sibyllins.
82 Gibson W., 1973, "Witchcraft among the Ancient" in <u>Witchcraft : a History of the Black Art,</u> p 2.
83 Beresford CJ., 2009, <u>Roman Witches : La sorcellerie antique et le pouvoir religieux de la magie à Rome,</u> www.suite101.com/content/roman witches-a131156, récupéré le 26 février 2011.

de la société.

L'idée qu'une femme puisse vaincre un homme physiquement ou grâce à des pouvoirs mystiques les terrifiait. Même s'il existait des sorciers masculins, les femmes qui avaient des idées au-dessus de leur condition étaient considérées comme des menaces.

Dans l'esprit de ces hommes romains, la plus grande menace venait des membres opprimés et déjà pleins de ressentiment de la société : les esclaves, les affranchis, les femmes du peuple et les femmes dotées d'une grande intelligence et d'un pouvoir de domination. Ces groupes sociaux savaient que la violence n'aurait pas d'effet sur une puissance militaire telle que Rome, et le sens de l'auto-préservation du groupe décourageait donc un soulèvement traditionnel. La révolte par la religion, et plus particulièrement par la magie, était un moyen plus subtil et, au départ, plus sûr.[84] C'était une voie sûre parce qu'elle était privée et réaliste pour eux. Se révolter contre le maître équivalait à la mort ; le meilleur moyen de se frayer un chemin vers une vie meilleure était donc de le faire en privé, en recourant à la magie, à des concoctions et à d'autres moyens.

Cela montre que la pratique de la magie et de la sorcellerie n'était pas réservée aux femmes, mais qu'elle concernait aussi bien les riches que les pauvres, les hommes que les femmes. Même les riches voulaient continuer à régner et à contrôler les affaires de l'État, tandis que les pauvres voulaient se libérer de l'esclavage et avaient donc recours à la magie et à la sorcellerie.

En plus de concocter des poisons maléfiques, les sorcières étaient censées pouvoir invoquer les morts, influencer les éléments, le temps et même déplacer les étoiles et la lune grâce à des enchantements.[85] Certaines sorcières étaient censées posséder la capacité de se métamorphoser, le plus souvent en chouette effraie.[86] Les images stéréotypées de ce type encouragées par les Romains ont conduit les sorcières à être lapidées à mort par des foules dans les rues après avoir été accusées d'utiliser, par exemple, la moelle des os d'enfants pour des potions.[87] Les Romains torturaient les sorcières dans une tentative désespérée de contrôler la religion, les femmes et l'État.

Les Romains ont commencé à torturer les sorcières bien avant les chrétiens. En tentant d'éliminer les sorcières et les prophètes ( ), les dirigeants romains ont vu l'occasion de s'attaquer à d'autres religions indésirables, telles que le culte de Bacchus et d'Isis, et ont donc affirmé que la magie et les nouvelles

---

84 Forums Historum-Histoire, La sorcellerie dans le monde antique, http://www.historum.com/ancient history/27018-witchcraft-ancient-world.html, récupéré le 18 mars 2012.
85 Beresford C.J., 2009, Op cit, www.suite101.com/content/roman witches-a131156, récupéré le 26 Février 2011.
86 Pamphile se transformait souvent en hibou et effectuait des vols nocturnes pour rencontrer d'autres membres de la communauté.
elle comme.
87 Historum-History Forums, Op cit, http://www.historum.com/ancient history/27018-witchcraft-ancient-world.html, récupéré le 18 mars 2012

religions étaient une seule et même chose, et qu'il fallait les arrêter toutes les deux. C'est ainsi que les religions populaires ont été, pour la plupart, supprimées avec succès par l'élite.

Les sages-femmes, les femmes sages, les femmes médecins, les herboristes et les avorteuses étaient toutes considérées comme des sorcières et leur travail était jugé suspect. Elles étaient considérées comme des êtres maléfiques qui utilisaient la magie pour tuer les enfants à naître, alors qu'il était acceptable qu'un homme ordonne la mort d'un enfant.[88] D'après cette description, ces femmes étaient considérées comme des *lamies* et lorsqu'on les soupçonnait d'être ce type de personne, la mort était inévitable.

Les personnes appartenant aux classes inférieures étaient nettement plus ouvertes d'esprit et nombre d'entre elles, en particulier les femmes, faisaient appel aux sorcières et aux devins de la rue pour obtenir des remèdes et des potions d'amour. Ces sorcières et leurs clients étaient surtout rejetés par les hommes qui écrivaient à leur sujet. La magie douce de ce type, comme la guérison ou l'incitation à la culture, était désapprouvée par l'État et était donc souvent pratiquée en privé. Les philtres d'amour étaient très populaires et les épouses jalouses et les femmes seules consultaient fréquemment les sorcières pour trouver des solutions, de sorte que la sorcellerie était davantage associée aux femmes.

2.3 Grèce

En grec ancien, plusieurs termes désignent la magie et le magicien. Ces termes comprennent μαγηα, γοετηα, αγύρτης. *Μαγηα* serait un terme non grec dont l'origine est contestée et ferait partie d'une langue religieuse des Perses où le *μαγος* est le prêtre ou un spécialiste religieux.[89] En grec, les termes habituels pour désigner les sorcières sont *φαρμακις* et φαρμακευτρια, tous deux basés sur φαρμακα, les drogues ou les sortilèges qui constituaient le fonds de commerce de la sorcière.[90] Dans la vision homérique du monde, un magicien ou une sorcière n'est pas un ennemi du divin ; il est plus approprié de dire que le magicien ou la sorcière homérique, par son art, est devenu un être humain divin ou semblable à un dieu.[91] Alors que la magie et la sorcellerie étaient des menaces pour les Romains, pour les Grecs, elles faisaient partie de leur religion.

Dans la religion grecque, Hécate[92] était la déesse de la sorcellerie qui se cachait dans l'obscurité de la lune et avait de fortes qualités nocturnes. Elle est considérée comme un aspect d'Artémis. Hécate a

---

88 Wikipédia, l'encyclopédie libre, Sorcellerie, http://en.wikipedia.org/wiki/Witchcraft, consulté le 17 juillet. 2011
89 Graf F., 1995, 'Excluding the Charming the Development of the Greek Concept of Magic' in Meyer M. et Mirecki P. (eds.), Ancient Magic and Ritual Power, p 30.
90 Ogden D., 2002, Magic Witchcraft And Ghosts In The Greek And Roman Worlds, p 98.
91 McClymont J. D., 2008, Op cit, p 22.
92 Hécate n'est pas la divinité personnelle puissante et bienveillante décrite par Hésiode dans la Théogonie, mais une divinité de l'ordre de l'homme.
la littérature ultérieure.

découvert les médicaments à base de plantes, et c'est par conséquent la spécialité de Médée et de Circé. Elle est associée à la magie, à la sorcellerie, à la mort, à la nuit, à la lune, aux fantômes et à la nécromancie, et était liée au culte d'autres divinités mystiques. Hécate était considérée comme un être spécial qui, la nuit, envoyait du monde inférieur toutes sortes de démons et de fantômes terribles qui enseignaient la sorcellerie. On pense qu'ils habitaient aux endroits où deux routes se croisaient,[93] sur les tombes et près du sang des personnes assassinées.[94] Elle aussi errait avec l'âme des morts et son approche était annoncée par le hurlement des chiens.

On pense qu'elle était la fille de Persée,[95] , et qu'elle surpassait son père en matière d'effronterie. Elle aimait la chasse et, lorsque la chance ne lui souriait pas, elle tendait son arc vers les hommes plutôt que vers les bêtes. Elle était une fervente adepte des mélanges de drogues mortelles *(({φαρμακα),* et elle découvrit la soi-disant *aconit*. Elle testa les pouvoirs de chaque drogue en la mélangeant à la nourriture donnée aux étrangers.[96] Tout d'abord, elle détruisit son père avec une drogue et s'empara ainsi de son trône, ce qui lui valut un nom de cruauté. Elle acquit ainsi une grande expérience.

Circé se consacra également à la compréhension des drogues de toutes sortes, et découvrit toutes sortes de qualités et de pouvoirs incroyables des racines. Hécate lui avait enseigné beaucoup de choses, mais elle en découvrit bien davantage par ses propres recherches. Elle fut donnée en mariage au roi des Sarmates, que certains appellent Scythes. Elle tua d'abord son mari à l'aide de drogues, puis, succédant à son trône, elle exerça une violence cruelle sur ses sujets. C'est pourquoi elle fut chassée de la ville et s'enfuit dans l'Océan. Elle y occupa une île déserte avec quelques femmes qui s'étaient enfuies avec elle.

La littérature, notamment l'*Odyssée* d'Homère, nous apprend beaucoup de choses sur Circé. Ulysse a débarqué sur l'île de Circé au cours de son long voyage de retour après la guerre de Troie. C'est là qu'il a rencontré la femme séduisante qui avait transformé plusieurs membres de son équipage en animaux. Les passages sont pleins de magie et d'aspects de la sorcellerie. Circé est décrite comme une utilisatrice de potions et elle jette des sorts. Selon McClymont, "...les pouvoirs d'un magicien et d'un dieu sont tous deux naturels et donc similaires, ainsi Circé peut être rachetée en tant que

---

93 Atsma A. J., 2008, Op cit, http://www.theoi.com/EncycA.html. - C'est peut-être la raison pour laquelle Hécate était représentée sous une forme triple, en forme de carrefour, avec trois têtes :
1. Cheval,
2. Chien,
3. Lion,
du fait qu'elle est une créature de la nuit.
94 Ibid.
95 Innes M.M., 1955, Op cit, p 157.
96 Atsma A. J., 2008, Op cit, http://www.theoi.com/EncycA.html.

déesse".[97] Il est vrai que l'enchanteresse Circé était une déesse,[98] , mais elle était aussi une experte en arts magiques, capable de se rendre invisible, et une sorcière bien connue de la mythologie grecque.

Ses onguents magiques ont retransformé les hommes d'équipage d'Ulysse, qui sont redevenus des animaux. Ulysse vainquit son pouvoir grâce à une racine magique μολυ, qui lui aurait été donnée par le dieu Hermès. [99] Bien que les passages ne disent pas exactement comment la racine a été utilisée, elle a rendu la potion de Circé inutile. Dans l'Antiquité, l'ail était l'une des plantes capables de vaincre la magie ou les sortilèges, et cette racine magique pourrait donc être de l'ail. L'ail est l'une des plus anciennes épices du monde antique, souvent associée à la prévention du mal, peut-être en raison de ses pouvoirs curatifs. L'utilisation de cette plante a eu un effet positif dans l'*Odyssée*. Circé a fait le serment de ne plus tenter d'utiliser les arts magiques contre Ulysse. Elle partagea les secrets de la nécromancie, qui aideraient Ulysse dans ses aventures suivantes.

Médée, la nièce de Circé, est également une sorcière et une prêtresse du culte lunaire d'Hécate. On dit que Médée a appris tous les pouvoirs des drogues de sa grand-mère et de sa tante, mais son propre penchant était à l'opposé de celui de Circé. Elle sauvait continuellement des étrangers du danger, suppliant parfois son père de sauver ceux qui étaient condamnés à mourir, ou bien elle les libérait elle-même de prison et assurait un passage sûr aux malheureux.[100] Le roi Aeetes, stimulé par sa propre cruauté, et en partie par sa femme, accepta la coutume de tuer les étrangers. Médée travaillait toujours à l'encontre du projet de ses parents, et l'on dit que le roi Aeetes commença à soupçonner que sa fille complotait contre lui, et mit donc des gardes à sa disposition, mais Médée leur échappa et s'enfuit dans l'enceinte d'Hélios qui se trouvait au bord de la mer.

Les drogues sont à la base du pouvoir de Médée et sous-tendent toutes ses réalisations magiques, à l'exception de la destruction de Talos. Parmi les diverses capacités qui lui sont attribuées, on retrouve celles, courantes, de la sorcellerie ancienne, à savoir la capacité de contrôler les éléments, le paysage, la lune et les étoiles.[101] La magie de Médée s'exerce par l'intermédiaire de drogues.[102] C'est avec ces dernières qu'elle guérit, qu'elle transforme sa propre apparence et devient une biche, qu'elle inflige la folie et la dissipe de manière complémentaire, qu'elle rajeunit Pélias dans un chaudron bouillant, qu'elle fabrique des serpents et un agneau fantômes, et qu'elle utilise des drogues pour brûler la robe

---

97 McClymont J. D., 2008, Op cit, p 21.
98 Tully C., 2002, Op cit, http://www.thecauldron.org.uk/ -Tully est d'accord avec ce fait car elle dit que Circé était à l'origine une sorte de déesse antique qui n'a jamais vieilli, mais elle a été rétrogradée en raison de ses espiègleries.
99 Forums Historum-Histoire, La sorcellerie dans le monde antique, http://www.historum.com/ancient history/27018-sorcellerie-ancien-monde.html.
100 Ogden D., 2002, Opcit, p 78-9.
101 Ibid, p 82 .
102 Innes M.M., 1955, Op cit, p. 162 - 163 - Médée possédait également un couteau, qu'Ovide appelle le couteau thessalien.
couteau dont elle s'est servie pour égorger Aeson, Pélias et le vieux bélier.

de mariée de Glauce et pour incendier le palais de Créon. Dans le royaume de Jason, Médée était considérée comme exotique et étrangère, et n'a donc pas réussi à s'intégrer dans la société. Plus tard, Jason l'a trahie, l'abandonnant pour épouser une princesse locale pour des raisons politiques.

Calypso, une autre femme belle et surnaturelle, qui retient également Ulysse sur son île, est un double de Circé dans l'*Odyssée*. Il y a de nombreux points de contact dans la représentation des deux. La raison de la détention d'Ulysse sur l'île de Calypso est qu'il a été victime d'un sortilège érotique qui l'a contraint à avoir des relations sexuelles sans joie avec elle tout en continuant à aimer sa femme Pénélope. Calypso lui a offert l'immortalité s'il était prêt à abandonner sa quête de la maison. Pour Ulysse, c'est différent : son but est de rentrer chez lui pour retrouver sa femme et son fils. Avec l'aide des dieux, il réussit à échapper au piège et aux sortilèges de Calypso.

Il ressort de ce qui précède que les pratiques de magie et de sorcellerie étaient, dans une large mesure, orientées vers les femmes. En Grèce, ces phénomènes étaient placés sous la direction d'une divinité féminine, ce qui montre en soi que les femmes étaient principalement enclines à son culte, et il convient de noter que les femmes consultaient les sorcières, en particulier en période de crise.

2.4 Égypte

La magie, la sorcellerie et la religion étaient omniprésentes dans tous les aspects de la vie des anciens Égyptiens et, selon Pinch, ces trois éléments étaient si étroitement liés qu'essayer de les séparer laissait un grand vide de compréhension.[103] Les sorcières de l'Égypte ancienne auraient utilisé leur sagesse et leur connaissance des amulettes, des sorts, des formules et des figures pour plier les puissances cosmiques à leurs desseins ou à ceux de leurs clients. Il existait un lien particulier entre la magie et l'Égypte.[104] Comme la sorcellerie de toute autre région, la sorcellerie de l'Égypte ancienne était basée sur la tradition, le mythe, la légende, les rituels, le théâtre, la poésie, le chant, la danse, le culte, la magie et la vie en harmonie avec la terre. Les connaissances et les pouvoirs magiques émanaient des dieux et étaient accordés à leurs serviteurs, en particulier les rois et les prêtres lecteurs. Les praticiens de la sorcellerie égyptienne honoraient les anciens dieux et déesses égyptiens. La déesse Isis était considérée comme la détentrice et l'exécutrice de la magie, et avait une excellente élocution. Cette divinité joue un rôle important dans l'intrigue de L'*Âne d'or*.

Les Égyptiens tiraient leur sagesse de séjours prolongés dans des chambres souterraines ou des cryptes intérieures. Ainsi, Pythagore aurait acquis sa sagesse en descendant dans les cryptes égyptiennes et en recevant l'enseignement de Chaldéens et de mages.[105] C'est la raison pour laquelle

---

[103] Pinch G., 1995, Magic in Ancient Egypt, http://www.rambles.net
[104] Le Grec Lucien, dans les Philopseudes (33-6), raconte l'histoire d'Eucrate qui a fait l'expérience du pouvoir de la magie alors qu'il se trouvait en Égypte pendant sa période d'études.
[105] Ogden D., 2002, Magic Witchcraft And Ghosts In The Greek And Roman Worlds, p 52.

on suggère que Pythagore était un homme de magie, car il connaissait les formules magiques et aimait à la fois la science et la magie. Il est possible que Pythagore ait pratiqué la magie à son époque, ce qui répond en partie à la question de savoir si seules les femmes pratiquaient la magie.

On croyait que les Égyptiens étaient très sages et qu'ils descendaient des dieux. C'est l'Égypte qui a mesuré la Terre, dompté les vagues de la mer, traversé le Nil, inventé l'astronomie, donné au monde la force de la parole et découvert le pouvoir magique. On raconte que Nectanebo, le tout dernier des pharaons d'Égypte, a acquis la maîtrise de tous les peuples grâce à son pouvoir magique. Par la parole, il pouvait se soumettre tous les éléments de l'univers. En effet, si un nuage de guerre s'abattait soudain sur lui, il ne s'occupait pas du camp militaire, des défilés d'armes, de l'affûtage de l'acier ou des machines de guerre, mais il se retirait dans son palais, prenait une coupe de bronze, la remplissait d'eau de pluie, moulait de petits bateaux et de petites figures humaines en cire, les mettait dans la coupe et récitait un sort en agitant une baguette d'ébène. Il invoquait les anges et Ammon, le dieu de la Libye. C'est ainsi qu'il détruisait et triomphait des ennemis qui l'attaquaient, grâce à cette lécanomancie et en faisant couler les bateaux.[106]

Dans l'Égypte ancienne, les sages-femmes et les infirmières comptaient également la magie parmi leurs compétences, et les femmes sages pouvaient être consultées en temps de crise pour savoir quel fantôme ou quelle divinité était à l'origine des problèmes d'une personne. Les praticiens de la sorcellerie pouvaient être des hommes ou des femmes et n'étaient pas condamnés pour ces pratiques, mais les étrangers étaient accusés d'utiliser la magie maléfique. Selon Pinch, les divinités en colère, les fantômes jaloux, les démons étrangers et les sorciers étaient considérés comme la cause de malheurs tels que la maladie, les accidents, la pauvreté et la stérilité.[107]

La lune occupe une place importante dans la sorcellerie égyptienne, c'est pourquoi les sorcières égyptiennes se réunissaient dans des covens lors des pleines lunes et des fêtes pour augmenter leur niveau d'énergie et s'harmoniser avec les forces naturelles. Les sorcières égyptiennes pratiquaient la magie lors de rassemblements qui coïncidaient avec les phases de la lune, partageant ce qu'elles croyaient être les secrets de l'univers révélés par la magie. C'est à cette époque que le voile qui sépare le monde des vivants de celui des morts est le plus fin. Cette période permettait aux morts de revenir dans le monde des vivants lorsque leurs proches les accueillaient et les fêtaient.[108]

Selon Geraldine Pinch, les sorcières égyptiennes considéraient que la journée commençait au coucher du soleil et se terminait au coucher du soleil le lendemain. Au fil du temps, la sorcellerie égyptienne antique a commencé à se concentrer sur la "roue de l'année", dont les huit rayons symbolisaient les

---

106 Ibid, p 55 - 56.
107 Pinch G., 2011, Ancient Egyptian Magic, www.bbc.co.uk/history/ancient/egyptians/magic 01.shtml
108 Socyberty, 2009, Les sorcières dans l'Égypte ancienne, http://relijoumal.com/paganism/haUoween-for-witches/

quatre fêtes agricoles et pastorales et les quatre fêtes solaires commémorant les solstices et les équinoxes saisonniers. Les schémas répétitifs des saisons changeantes avaient une grande importance dans la sorcellerie égyptienne car ils déterminaient les cycles des cultures et d'autres événements importants. Des rituels et des festivals ont été introduits pour célébrer ces cycles saisonniers, plus particulièrement au moment des semailles et des récoltes.[109]

Les sorcières pratiquaient la magie curative, la protection, la vengeance et la canalisation de l'énergie pour se développer spirituellement. Elles créaient des cercles pour faire de la magie et l'outil principal qu'elles utilisaient pour faire de la magie était un couteau rituel. La lame sacrée se chargeait de l'énergie de son propriétaire et servait à définir l'espace, par exemple en traçant un cercle sacré où la volonté et l'énergie du propriétaire agissaient. Un bol d'eau était utilisé pour symboliser l'élément eau et ses propriétés : nettoyage, régénération et émotion. D'autres outils importants représentaient les éléments de la terre, de l'air, du feu et de l'eau. Un petit plat de sel ou de terre peut également être utilisé pour symboliser l'élément terre.

2.5 Conclusion

Une telle description de la sorcellerie dans les sociétés anciennes montre que la sorcellerie ne peut pas être entièrement mauvaise, mais qu'elle ne peut pas non plus être entièrement bonne. Bien que la sorcellerie présente des différences régionales et sociales à travers le monde, une caractéristique commune à toutes les sociétés est qu'il s'agit d'une religion fondée sur la terre. En général, la sorcellerie est basée sur la foi et les croyances personnelles, le culte des dieux païens et de la nature.

---

[109] Pinch G., 2011, Op cit, www.bbc.co.uk/history/ancient/egyptians/magic_01.shtml

Chapitre 3 : Femmes, magie et sorcellerie[110]

3.1 Introduction

La sorcellerie est associée aux femmes depuis très longtemps,[111] . Ce chapitre abordera donc la sorcellerie sous un angle différent, en mettant l'accent sur les raisons pour lesquelles les femmes sont accusées de pratiquer la magie et en abordant la sorcellerie d'un point de vue religieux et philosophique. La sorcellerie est née avec la civilisation humaine elle-même et ses origines se trouvent dans les croyances et les religions traditionnelles.[112] Même si la sorcellerie était supposée être pratiquée principalement par des femmes expérimentées, comme beaucoup ne veulent pas le croire, les hommes la pratiquaient également. Les termes utilisés dans l'Antiquité pour désigner la sorcière, le sorcier et la sorcellerie étaient à la fois féminins et masculins. Les sorcières étaient des médiatrices entre les êtres humains et les superpuissances mystérieuses telles que les esprits. Lorsqu'une sorcière parvenait à résoudre le problème apparemment mystérieux d'une personne, on parlait de magie, un processus qui ne pouvait pas être facilement expliqué par une analyse logique.

Les sorcières croyaient en l'existence des esprits et en l'égalité de tous les êtres vivants dans l'univers. Elles reconnaissaient également leur différence de statut, tout en faisant appel aux esprits pour obtenir leur aide. Les sorcières considéraient que, bien que le monde spirituel et le monde physique soient liés, ils étaient séparés, et que le seul moment où le voile de séparation entre les deux mondes devenait mince était la nuit des sorcières. Elles priaient les puissances ou les esprits supérieurs de les aider et de les guider dans la résolution de leurs problèmes en accomplissant certains rituels, d'où le nom de "sorcellerie".[113] La sorcellerie est aujourd'hui étroitement liée à ce que l'on appelle généralement le paganisme, qui est fondamentalement le culte de la nature ; la sorcellerie et le paganisme sont donc combattus par le christianisme.

Les sorcières traditionnelles utilisaient la sorcellerie de manière très pratique, par exemple en se servant d'herbes pour guérir les maladies. Dans l'Antiquité, la sorcellerie était connue comme le "métier des sages", car les sages étaient ceux qui suivaient le chemin de la nature et étaient en phase avec ses forces, qui connaissaient les herbes et les médicaments, qui donnaient des conseils avisés et qui étaient tenus en haute estime en tant que guérisseurs et chefs de file dans une société. Ils comprenaient que la nature était supérieure aux êtres humains et que ces derniers n'étaient qu'une des

---

110 Ces termes suscitent des réactions contrastées dans l'esprit de nombreuses personnes et sont surtout controversés au sein de l'Union européenne.
les personnes religieuses.
111 Lagerwerf L., 1987, Op cit, p 5.
112 Webster's New World Encyclopedia, 1990, p 1203 - Les sorcières et leur art sont nés de la peur l'inconnu et de son rôle imaginaire dans notre vie quotidienne, qu'elle soit facile ou difficile.
113 http://www.witchcraft.com.au/origin-of-witchcraft.html, consulté le 20 février 2012.

nombreuses parties de la nature, visibles et invisibles, qui se combinent pour former un tout.

3.2   La position des femmes dans la Grèce et la Rome antiques

Il est donc convenable pour une femme de rester à la maison et de ne pas sortir, mais il est honteux pour un homme de rester à l'intérieur au lieu de s'adonner à des activités de plein air^{114} - Xénophon.

La plupart des preuves d'activités concernant les femmes proviennent des hommes de l'époque classique qui les ont décrites dans la littérature. Les lois et les codes mentionnent fréquemment les femmes, mais la plupart d'entre eux sont l'œuvre d'auteurs masculins. Ces mêmes produits ne pouvaient pas fournir les récits des femmes sur leurs expériences, mais ils nous donnent une bonne image des circonstances dans lesquelles les femmes vivaient, et de ce que les hommes pensaient et attendaient d'elles.

Dans le monde antique, la famille était un État miniature en soi et elle était maintenue par un code rigide sous l'autorité du *paterfamilias* (l'homme le plus âgé de la famille).[115] Cela montre que la femme avait moins d'autorité dans la prise de décision lorsqu'il s'agissait de discussions relatives au fonctionnement de la famille ; elle recevait plutôt des ordres de l'homme en charge du foyer, comme l'illustre la citation suivante :

"*...retourne à la maison et occupe-toi de ton travail, du métier à tisser et de la quenouille, et dis à tes servantes de s'atteler à leur tâche. La guerre sera l'affaire des hommes, de tous les hommes dont la patrie est Ilios, et surtout la mienne.*"[116]

Les paroles d'Hector à Andromaque dans l'Iliade montrent que l'autorité revenait au mari ou au père de famille, et que la place de la femme était à la maison. Dans les sociétés anciennes, la femme était considérée comme un être plus faible ; elle était donc censée se trouver à un certain endroit et accomplir certaines tâches.[117] Le travail et les responsabilités étaient divisés en fonction du sexe ; il y avait donc le travail de l'homme et le travail de la femme.

L'homme avait une idée fixe de l'endroit où la femme devait se trouver et de ce qu'elle devait y faire. Depuis les débuts de la civilisation, les femmes étaient soumises à l'autorité patriarcale des hommes. La société était exclusivement dominée par les hommes et les femmes appartenaient au foyer et à la maison. S'il est vrai que, dans l'Antiquité, l'autorité et la responsabilité incombaient aux hommes, il n'en reste pas moins que les femmes avaient de grandes responsabilités. La femme était souveraine dans sa maison, car toutes les servantes recevaient des ordres d'elle, mais le mari était toujours le

---

114 Blundell S., "Women and the Household in Ancient Greece" dans The Other Side Of Western Civilization : Readings In Everyday Life, p 31.
115 Cary M. et Haarhof T. J., 1966, Op cit, p 143.
116 Hammond M., Homère : L'Iliade, p. 140-141.
117 Taylor D., 1975, Greek And Rome Topic 4:Work In Ancient Greece And Rome, p 13.

"maître".

Aristote soutient fermement que les femmes et les enfants ont besoin de la supervision d'un adulte parce que leur rationalité est imparfaite.[118] Dans la maison, le chef masculin était le propriétaire de tout. Les femmes, les enfants et les esclaves étaient tous sous sa *potestas* ; il était donc considéré comme le propriétaire absolu - *dominus* - et il pouvait infliger la mort à sa famille si cela en valait la peine. La situation était encore pire pour la femme, car elle était toujours sous le pouvoir de son père, de son frère ou de son mari. Lorsqu'une femme se mariait, elle devait passer dans le *manus de* son mari ; elle devait satisfaire son mari, et si ce n'était pas le cas, elle était renvoyée dans sa famille ou transférée à un autre mari, et si elle n'était pas mariée, elle restait sous l'autorité de son père.[119] Si elle n'était pas mariée, elle restait sous l'autorité de son père. Le fait que les hommes aient de tels pouvoirs signifiait que les femmes avaient moins de contrôle sur leur vie.

Bien que jouissant de moins de droits que le mari, la femme jouissait à Rome de droits supérieurs à ceux de son homologue grec. On s'adressait à elle en tant que *domina* et elle exerçait ses activités quotidiennes dans la pièce principale de la maison, alors qu'en Grèce, la femme exerçait ses activités à l'écart, dans des appartements spéciaux.[120] Malgré cette différence, elles restaient toutes deux sous l'autorité de leur mari. Blundell résume la situation en disant qu'une femme ne pouvait pas posséder une grande propriété, conclure des contrats, entamer ou mener des procédures judiciaires, effectuer des transactions importantes ou contracter un mariage de son propre chef ; les femmes appartenaient toujours au ménage d'un homme.[121] La ligne de pensée de Blundell permet de conclure que la liberté de choix des femmes était limitée, qu'elles avaient peu de droits et qu'elles étaient toujours sous l'autorité des hommes.

La liberté de mouvement varie souvent en fonction du statut économique. Dans les familles pauvres, la femme reste à la maison parce qu'elle doit assurer la subsistance de la famille. Dans les familles riches, la femme devait être accompagnée à l'extérieur et ses déplacements étaient surveillés. Dans les sociétés anciennes, les femmes étaient considérées comme inférieures aux hommes, car on pensait qu'elles avaient des émotions fortes et un esprit faible, qu'elles étaient à peine plus intelligentes que des enfants, et qu'elles étaient donc incapables de se gouverner elles-mêmes. C'est pourquoi les femmes devaient se déplacer à l'extérieur sous la conduite d'un homme.

Les femmes recevaient une éducation élémentaire et, dans certaines cités grecques, à l'exception de Sparte, l'éducation des femmes était limitée et, dans les États où l'éducation existait pour certaines

---

118 Fouts S., 2007, <u>Aristotelian views of women</u>, <u>www.associatedcontent.com</u>
119 Petrie A., 1949, <u>Roman History Literature And Antiquities ; An Introduction,</u> p 88.
120 Ibid, p. 88.
121 Blundell S., <u>op. cit.,</u> p. 30.

filles et femmes, elle était bloquée par les mariages et, si l'une d'entre elles essayait de continuer à apprendre, elle était méprisée,[122] , et considérée comme intrinsèquement inférieure et faible. Les filles étaient éduquées au sein du foyer, où elles étaient formées aux travaux féminins, tandis que les fils pouvaient se déplacer librement à l'extérieur et recevaient une meilleure éducation que celle donnée à la fille. Ce point de vue a été adopté dans de nombreuses civilisations où la fille n'était pas considérée comme aussi importante que le garçon.

Dans les sociétés anciennes, les emplois étaient peu nombreux ; par conséquent, de nombreuses femmes étaient surtout reconnues comme des filles, des épouses et des mères, plutôt que comme des avocates, des oratrices ou des philosophes. En tant que filles, elles n'ont jamais reçu de nom personnel. Leurs pères les entretenaient bien et, plus tard, les mariaient à leurs amis et alliés potentiels. Les mariages variaient en fonction du type de personnes réunies dans le contrat et, comme nous l'avons déjà dit, ils étaient généralement arrangés en fonction de la richesse et du statut, qui jouaient un rôle majeur dans un mariage. Les femmes étaient mariées dès leur plus jeune âge pour assurer la continuité de la lignée et maintenir leur statut dans la société. Dans l'Antiquité, les femmes étaient achetées pour devenir des épouses et, en tant qu'épouses, elles n'avaient aucun droit légal, si ce n'est par l'intermédiaire de leur mari ou de leur père, au pouvoir desquels elles étaient soumises. En tant que mères, les femmes étaient chargées d'élever les enfants dans les règles de l'art.[123]

Comme on peut le constater dans les paragraphes ci-dessus, les femmes n'avaient le contrôle que sur les arrangements domestiques[124] , mais selon les travaux d'autres chercheurs, ce contrôle n'était accessible à une femme qu'à travers un ordre défini du mari. Son rôle était strictement relégué au foyer, à la gestion du ménage,[125] et son statut était celui d'épouse et de mère, son devoir étant de porter et d'élever les enfants. Le foyer était la sphère d'activité prédominante de la femme.

Sur le plan politique, la vie d'une femme était encore pire, car elle était insignifiante dans les affaires politiques, militaires ou civiles. O. Murray affirme que la *polis* était essentiellement une association d'hommes et que les femmes n'étaient pas autorisées à être membres de l'assemblée.[126] Ce point de vue est soutenu par Sue Blundell qui affirme que les femmes ne possédaient aucun droit politique, qu'elles étaient exclues des délibérations de l'assemblée des citoyens et qu'elles ne pouvaient occuper aucune fonction publique.[127] La question qui se pose maintenant est la suivante : si elle n'était pas autorisée à dire quoi que ce soit concernant les conditions de la société dans laquelle elle vivait,

---

122 Cary M. et Haarhof T. J., 1986, Op cit, p 146.
123 Stambough J.E., 1988, Op cit, p 98.
124 Une femme est comme une abeille, elle envoie les autres à leur travail à l'extérieur de la maison, supervise ceux qui travaillent à l'intérieur, et stocke, administre et distribue les biens qui sont apportés à la maison.
125 Les maisons où il n'y a pas de femme ne sont ni ordonnées ni prospères.
126 Murray O., 1991, Life and Society In Classical Greece, p 244.
127 Blundell S., op. cit., p. 30.

comment une femme était-elle censée exprimer ses sentiments concernant le cadre politique et domestique auquel elle était exposée ?

Murray poursuit en nous informant qu'il existait des organisations féminines tout aussi exclusives, généralement liées à des cultes spécifiques réservés aux femmes, mais qu'elles tendaient à être considérées comme de simples extensions du monde des hommes.[128] Après avoir constaté qu'il était impossible pour une femme de donner des ordres au sein de la famille, comment était-elle censée le faire au niveau politique ? Murray a raison de dire que "...ces cultes réservés aux femmes étaient des extensions du monde des hommes...", car les opinions des membres de ces groupes ne devaient jamais aller à l'encontre des décisions des assemblées masculines, mais elles devaient être strictement en accord avec ce qui était établi par les assemblées. Ces organisations n'étaient autorisées que si elles étaient conformes au public, dès lors qu'elles allaient à l'encontre ou en conflit avec les lois publiques, elles étaient considérées comme non valables et étaient rapidement abolies. Ces groupes comprenaient des femmes de classe élevée, éduquées et parfois célibataires.

Les femmes qui n'ont pas pu adhérer à ces organisations ont trouvé d'autres voies dans la vie. La plupart des femmes n'avaient pas de profession ; elles avaient tendance à imiter leurs activités de loisir. Leur rôle a continuellement changé et leur statut de matriarche s'est modifié au fur et à mesure de l'avènement de civilisations plus avancées. Elles se sont évadées dans d'autres domaines de divertissement, dans la religion et dans les fêtes, pour se libérer de leur "esclavage" ; c'est ainsi que certaines ont adhéré à des cultes de magie et de sorcellerie.

3.3 Uşe de la poţion magique et de la WiţchcraftjnApuleiuş'ş *Golden Aş5*

L'*Âne d'or* constitue un jalon monumental dans l'histoire de la sorcellerie, car Lucius a découvert la magie et la sorcellerie à ses dépens. Dans *L'âne d'or,* Lucius est un homme d'affaires qui quitte sa ville natale pour se rendre en Thessalie, une région de Grèce connue pour sa sorcellerie omniprésente, censée produire une multitude d'herbes qui constituent les ingrédients de toute potion magique. Arrivé sur place, après avoir pris connaissance des activités mystérieuses de la ville, il souhaite en savoir plus sur la sorcellerie. Il s'initie à cet art par curiosité, ce qui finit par le transformer en âne.[129] Lucius raconte à la première personne sa transformation accidentelle en âne et sa délivrance par la déesse Isis, que Leinweber considère comme une déesse égyptienne / hellénique.[130] *L'Âne d'or* est de style picaresque et contient un certain nombre de récits captivants et d'épisodes passionnants impliquant des sorcières thessaliennes.

Dans l'*Apologia*, Apulée fait la distinction entre la magie supposée véritable et les idées fausses que

---

128 Murray O., Op cit, p 244.
129 Dès le début du roman, Lucius est prêt à payer le prix fort pour connaître les secrets de la magie.
130 Leinweber D. W., 1994, Op cit, p 77.

l'on s'en fait. Il situe l'origine de la vraie magie chez les Perses et souligne qu'il s'agit pour eux d'une question de religion pieuse ; la pratique de la vraie magie ne devrait donc pas être un crime. Il est utile de connaître la définition populaire et supposée fausse de la magie, à savoir la conversation avec les dieux et l'accomplissement de miracles par le biais d'incantations. Dans *L'âne d'or* d'Apulée, il apparaît que la curiosité d'apprendre ce qui est caché à l'homme conduit à rechercher des potions magiques. Étant donné que Lucius est arrivé en Thessalie, patrie de la magie et de la sorcellerie, il s'intéresse à tout ce qui est étrange et insolite, à[131] et à ce qu'il a appris dans le récit d'Aristomène.[132]

L'un des aspects les plus effrayants du conte d'Aristomène est l'intelligence qui sous-tend la cruauté de la sorcière. Méroé était dotée de tous les attributs de la sorcellerie et, comme les bawdwitches, elle était encline à l'ivrognerie. Selon D. Taylor, la plupart des femmes, en particulier les femmes riches, avaient tendance à imiter leurs activités de loisir et appréciaient les soirées arrosées.[133] Les principaux cycles de sorcellerie de *L'Âne d'or* impliquent des transformations animales. Meroe pouvait transformer les hommes en castors, grenouilles, béliers et tortues.[134] On lui attribue beaucoup de magie de liaison par l'utilisation de charmes. En effet, elle lie de manière très précise ; par exemple, elle a lié l'utérus de la femme d'un de ses amants après lui avoir parlé méchamment.[135] L'un des attributs distinctifs des pouvoirs de Meroe est l'étendue du champ d'action sur lequel elle peut les exercer. Dans des contextes de compétition, elle utilisait ses pouvoirs magiques pour résoudre des conflits commerciaux et amoureux. L'amour est sa principale préoccupation et elle peut rendre amoureux même des personnes de races éloignées. La magie de Meroe est extraordinaire et brutale. Socrate est ruiné par ses mésaventures, mais c'est par la faute de Méroé qu'il est réduit à n'avoir plus rien à se mettre, et malgré l'intervention d'Aristomène, Socrate ne parvient pas à échapper au pouvoir destructeur de Méroé.[136] Il est certainement victime de sorcellerie et est effectivement tué dans son lit par Méroé et Panthia. Ses actions ultérieures après son réveil doivent donc être attribuées à une réanimation magique, et le mécanisme qui la provoque ne peut être que l'éponge et le chant.[137]

Ce conte plein de vie mêle le glauque à l'hilarant. Non seulement les sorcières pouvaient transformer les hommes en animaux, mais elles pouvaient aussi se transformer elles-mêmes en animaux si elles voulaient accomplir leurs tâches déguisées. Mais ce qui est curieux, c'est que les sorcières se sont compliqué la vie en tentant de couper les parties du visage de Thelyphron depuis l'extérieur de la pièce et à travers une fissure dans le mur, alors qu'elles auraient pu entrer dans la pièce sous forme

---

131 Graves R., 1990, Op cit, p 19-20.
132 Ibid, p. 5-15.
133 Taylor D., 1975, Op cit, p 18.
134 Graves R., 1990, Op cit, p 9.
135 Ibid.
136 Graverini L., Op cit, p 69.
137 Ogden D., 2002, Op cit, p   135.

d'animal.[138] Il semblerait qu'Apulée les bannisse de la pièce à ce moment-là afin d'exposer leur erreur.

Il est douteux que les sorcières aient considéré les parties du corps du Thelyphron vivant comme un substitut acceptable à celles du Thelyphron mort. La possession et la manipulation des parties du corps du Thelyphron vivant ne leur permettaient pas de contrôler quoi que ce soit, et elles ont donc eu recours à la cire pour les rendre à leur possesseur. La cire était un matériau approprié puisqu'elle était couramment utilisée pour fabriquer des poupées qui représentaient des corps de chair entiers. Les sorcières de l'Antiquité fréquentaient les cimetières et la principale raison pour laquelle elles le faisaient était qu'elles voulaient obtenir des parties de corps nouvellement enterrés pour les utiliser dans la préparation d'infusions et d'onguents. Dans *L'Âne d'or*, les sorcières qui voulaient mutiler le cadavre du jeune homme mort à Larissa voulaient utiliser les parties du corps pour leurs breuvages et il est clair qu'en Thessalie :

". *sagae mulieres ora mortuorum passim demorsitant, eaque sunt illis artis magicae supplementa.* "[139]

"...les sorcières ont l'habitude de ronger des morceaux de chair sur le visage des morts pour les utiliser dans leurs concoctions magiques ".[140]

Étant donné que la veuve s'avère avoir empoisonné son mari et que la sorcellerie et l'empoisonnement étaient généralement étroitement associés, on peut supposer qu'elle est elle-même une sorcière. On ne sait pas si elle participe à la mutilation ou si elle peut être identifiée à la sorcière qui s'est transformée en belette somnifère, puisque les sorcières de ce conte ont manifestement le pouvoir d'invisibilité et sont capables d'utiliser ce pouvoir pour déguiser leur identité.

Pour y remédier, on nous présente un sorcier qui dissipe la confusion qui régnait au sein de la famille.
[141] La véracité des réponses du fantôme est discutable, mais il est généralement admis que la nécromancie était considérée comme la forme de prophétie la plus fiable. D'un point de vue grec, les sorciers sont généralement décrits comme des prêtres, et l'apparence de Zatchlas (crâne chauve, sandales en feuilles de palmier et vêtement de lin blanc) correspond à la notion grecque typique d'un prêtre égyptien. Les sorciers égyptiens sont inséparables de leurs sanctuaires intérieurs et leurs noms font appel à Zatchlas.[142] La présence d'éléments sacrés grecs, lorsque Zatchlas accomplit ses actes, montre qu'il existait un lien entre les croyances grecques et égyptiennes. Il est évident que les actes de magie, de sorcellerie et de magie traversent toutes les zones géographiques et que les éléments sacrés d'une région sont presque les mêmes que ceux d'une autre.

---

138 Graves R., 1990, <u>Op cit</u>, p   33.
139 Ibid, p. 31.
140 Ibid.
141 Ibid, p 34 - La mort du jeune citoyen n'est pas certaine, mais sa femme est soupçonnée de l'avoir empoisonné.
142 ibid, p 34 - 35 "...par les temples de Coptos...par les mystères de Memphis et par la crécelle sacrée de Pharos...".

Bien que Zatchlas soit disponible comme solution à un problème, *L'Âne d'or* présente également un sorcier qui est un problème pour la communauté. Diophane le Chaldéen, inconscient de ses actes, se poignarde et, embarrassé, décide de s'absenter de ses spectacles d'une ville à l'autre.[143] Ainsi, les résultats des prétentions à être sorcier quand on veut s'enrichir sont parfois négatifs.

Dans d'autres passages de L'*Âne d'or* d'Apulée, le boulanger a trouvé l'amant de sa femme dans la maison, l'a battu et l'a jeté dehors. La femme cherche maintenant à rendre sa situation avec son mari tolérable, et rend donc visite à une sorcière de sa communauté. L'action se déroule dans un lieu non nommé de Thessalie, et la sorcière qui s'y trouve est apparemment une autre sorcière thessalienne.[144] Comme les autres sorcières d'Apulée, Méroé et Pamphile, celle-ci est explicitement créditée du pouvoir de lier la magie.

Les deux objectifs recherchés par la femme du boulanger sont la pacification et la réconciliation de son mari, ou sa mort. En termes magiques, ces deux objectifs ne sont pas aussi distincts qu'il n'y paraît à première vue. Leurs fonctions sont les mêmes, et de telles potions d'amour étaient souvent considérées comme agissant spécifiquement en calmant la colère. La sorcière ramène à la vie une femme morte, et l'apparence de son fantôme est manifestement celle d'une femme vivante d'un certain type - elle est prise pour telle par le boulanger.[145] Cependant, elle a la jaunisse et l'émaciation que l'on pourrait associer à un cadavre ; son visage est peut-être caché par ses cheveux défaits pour dissimuler un visage plus manifestement semblable à celui d'un cadavre ou d'un fantôme. Elle est représentée en deuil, soit en raison de l'association générale entre le deuil et la mort, soit, plus spécifiquement, parce qu'elle pleure sa propre mort, prématurée et violente. Le ressentiment du fantôme le rend agité et exploitable à des fins magiques. Son apparition soudaine et sa disparition mystérieuse d'une pièce fermée à clé suggèrent l'intangibilité, mais le fait qu'elle puisse toucher la boulangère avec sa main suggère le contraire.[146] Le boulanger subit une mort atroce aux mains d'une sorcière anonyme. Après sa propre mort violente, le fantôme du boulanger apparaît à sa fille.

Pamphile est dotée de certains des pouvoirs ordinaires d'une sorcière thessalienne, tels que la limitation des dieux et le contrôle des corps célestes. Elle semble orienter la gamme étonnante de ses pouvoirs vers la finalité habituelle des Thessaliens, la réalisation de l'amour. Le nom de Pamphile, qui signifie "l'amoureuse de tout", s'accorde parfaitement avec le caractère de la sorcière, étant donné son fort appétit sexuel.[147] Sa magie directement érotique cherche à enflammer le jeune Béotien de

---
143 Ibid , p 26 - 27.
144 Ibid , p 150 - 151.
145 Ogden D., 2002, <u>Op cit</u>, p152.
146 Ibid, p153.
147 Frangoulidis S., 2008, <u>Sorcières, Isis et récits : Approches de la magie dans les Métamorphoses d'Apulée,</u> p27

désir pour elle en lui brûlant sympathiquement les cheveux.[148] Une fois de plus, les pouvoirs magiques des sorcières, quels qu'ils soient, sont mis au service de l'amour. Comme l'indique le barbier, le vol de mèches de cheveux pour servir de matériau à la magie d'attraction érotique est chose courante en Thessalie. Ses rites magiques sont présentés comme des mystères. Les paroles de Fotis à Lucius évoquent l'image d'un sanctuaire intérieur approprié à de telles choses, et dans son empressement à se faire expliquer de tels mystères, Lucius ressemble à Thessalus.

La description du laboratoire de sorcellerie de Pamphile est particulièrement intéressante. Les tablettes métalliques aux inscriptions illisibles sont manifestement des tablettes de malédiction avec des *voces magicae* et des formes d'écriture perverties.[149] Dans la magie de changement de forme de Pamphile, une lotion externe est utilisée pour effectuer la transformation en animal, et une substance ingérée effectue la transformation en humain.

Lucius a appliqué une lotion qui l'a transformé en âne, mais il ne peut reprendre sa forme humaine qu'après avoir mangé des roses.[150] C'est l'inverse de la magie de transformation de Circé.

L'aventure de Lucius est l'histoire de sa chute causée par *curiositas*, *serviles voluptates* et *Fortuna caeca*. Cette curiosité pour le surnaturel se développe lentement à travers la souffrance, et il reçoit la rédemption par l'intermédiaire de la déesse Isis. La servante Fotis et la cousine de Lucius, Byrrhanea, avertissent Lucius que Pamphile a un penchant souvent mortel pour les jeunes hommes. Avec l'aide de Fotis, Lucius réussit à assister à la métamorphose de Pamphile en hibou. Par curiosité, il tente de faire la même expérience, mais il utilise le mauvais onguent et se transforme en âne. Le seul remède pour qu'il retrouve sa forme humaine est de manger des roses, qu'il ne trouve qu'avec l'aide de la déesse Isis.

Lucius pense que Fotis fait partie de la bande des sorciers. Le fait qu'elle connaisse très bien les activités magiques de la maison et les onguents utilisés pour la transformation la place dans la catégorie de ceux qui pratiquent l'art de la magie et de la sorcellerie. Il est possible que Lucius soit tombé amoureux de Fotis lors de son premier contact avec elle et qu'il ait continué à s'intéresser à l'art de la magie, ce qui l'a finalement conduit à se transformer. Il le dit lui-même ;[151]

" Sed ut ex animo tibi volens omne delictum, quo me tantis angoribus implicasti, remittam,
praesta quod summis votis expostulo et dominam tuam, cum aliquid huius divinae disciplinae
molitur ostende, cum deos invocat, certe cum reformatur, ut videam : sum namque coram magiae

---

148 Graves R., 1990, Op cit, p 45 - 47.
149 Ogden D., 2002, Op cit, p 144-145.
150 Graves R., 1990, Op cit, p 49- 50.
151 Ibid, p. 47.

noscendae ardentissimus cupitor, quamquam mihi nec ipsa tu videare rerum rudis vel expers."

Dans le dernier livre, la déesse Isis s'oppose à d'autres personnages dotés de pouvoirs surnaturels, comme les sorcières Méroé, sa sœur Panthia, Pamphile, sa servante Fotis, et des sorciers comme les Chaldéens et Zatchlas.[152] Isis est la déesse de la maternité, de la magie et de la fertilité. Isis, ou dans l'original plus probablement Aset, était une déesse dans les croyances religieuses de l'Égypte ancienne, dont le culte s'est répandu dans le monde gréco-romain. Elle était vénérée comme la mère et l'épouse idéales, ainsi que comme la matrone de la nature et de la magie.[153] Elle était l'amie des esclaves, des pécheurs, des artisans et des opprimés, et écoutait les prières des riches, des jeunes filles, des aristocrates et des souverains. Ses origines sont incertaines, mais on pense qu'elle est venue du delta du Nil.[154] Dans le monde gréco-romain, Isis est devenue l'une des religions à mystères les plus importantes, et de nombreux auteurs classiques font référence à ses temples, ses cultes et ses rites.

Dans la littérature ancienne, il est fréquent que les hommes qui rencontrent des sorcières ne rentrent pas chez eux.[155] Comme l'explique Socrate, il a suffi à Méroé de coucher une fois avec lui pour le réduire en esclavage et ne plus jamais rentrer chez lui. Aristomène, terrorisé par sa rencontre avec les sorcières, prend la résolution de ne plus jamais rentrer chez lui. Plus loin dans *L'Âne d'or*, nous apprenons que la honte a également empêché Thelyphron de rentrer chez lui après sa rencontre avec les sorcières thessaliennes. Les rencontres sexuelles et mutuelles de Lucius avec l'apprentie sorcière Fotis lui font abandonner l'idée de rentrer chez lui. Ce n'est pas seulement le cas dans *L'Âne d'or*, mais aussi dans l'*Odyssée*, où Ulysse a été menacé d'un sort similaire par Circé, Calypso et les Sirènes. Il est clair que les sorcières permettent à leurs victimes d'oublier de rentrer chez elles. Elles détournent leur attention vers eux, et chaque fois qu'ils veulent penser à leur famille, les sorcières exécutent leur enchantement pour maintenir leur sort plus fort et plus serré.

Selon la théorie freudienne, le fondement initial de la curiosité est un intérêt pour la nature de la sexualité, le désir de voir ce qui est interdit - un acte sexuel ou les parties intimes d'autrui.[156] Dans ce récit aventureux de Lucius, il semble y avoir une forte association de curiosité, d'anxiété, de sorcellerie, de magie, de femmes et de sexualité.

3.4 Raisons pour lesquelles les femmes sont accusées de pratiquer la sorcellerie

La discussion ci-dessus a révélé que la pratique de la magie et de la sorcellerie était liée au genre. Elle désigne la femme comme protagoniste, et le genre est sans aucun doute la question centrale. À

---

152 L. Graverini, Ibid, p. 66.
153 "The Goddess Isis" in Witches of the Craft, http://witchesofthecraft.com/2012/01/12/the-goddess-isis/, consulté le 19 mars 2012.
154 Ibid.
155 Ogden D., 2002, Op cit, p135.
156 Reardon B. P., 1989, Op cit, p 590.

la lecture de *L'âne d'or*, il est possible de conclure que toutes les femmes étaient des sorcières potentielles. L'objectif de cette section est de mettre en lumière certaines des raisons pour lesquelles les accusations de pratique de la magie et de la sorcellerie sont orientées vers le genre, et en particulier pourquoi la femme est l'accusée. Les réponses à ces questions se développent au fur et à mesure de la discussion.

Dans le christianisme, la sorcellerie était associée à l'hérésie et à l'apostasie. Elle était considérée comme diabolique, et la peur de la sorcellerie est apparue, ce qui a conduit à des chasses aux sorcières à grande échelle. On croyait que la chrétienté était engagée dans une bataille contre le Diable et son armée secrète de sorcières, qui avaient conclu un pacte diabolique. De nombreuses personnes ont été exécutées, d'autres ont été emprisonnées, torturées, bannies et se sont vu confisquer leurs terres et leurs biens. Les accusations de sorcellerie étaient souvent associées à d'autres accusations d'hérésie. À l'époque médiévale, *le Malleus Maleficarum*, célèbre manuel de chasse aux sorcières utilisé par la communauté chrétienne, expliquait comment identifier une sorcière, ce qui faisait qu'une femme était plus susceptible qu'un homme d'être une sorcière, comment juger une sorcière et comment la punir. Le livre définit une sorcière comme étant maléfique et typiquement féminine. La majorité des personnes accusées étaient des femmes.

Il est clair que la littérature classique contient de nombreuses représentations vivantes de femmes pratiquant les arts magiques, notamment Circé et Médée, Erictho de Lucain, Meroe et Pamphile d'Apulée et les courtisanes de Lucien. Les universitaires ont noté que les sources littéraires grecques et romaines présentent des femmes comme des utilisatrices de magie, alors que d'autres preuves, telles que les papyrus magiques grecs et les tablettes de malédiction qui ont survécu, mettent l'accent sur les hommes en tant qu'experts rituels et utilisateurs de la magie. Quelles que soient les raisons de cette énigme, personne ne conteste la vivacité des descriptions fictives de femmes pratiquant la magie. Ces accusations ne s'arrêtent pas à la littérature, mais se poursuivent dans la vie réelle, où des femmes sont accusées d'être des sorcières.

La caractéristique la plus évidente d'une sorcière était sa capacité à lancer un sort (action magique) qui pouvait consister en un ensemble de mots, de formules, de vers, d'actions rituelles ou toute combinaison de ces éléments. La nécromancie était considérée comme une autre caractéristique de la sorcellerie. Il s'agit d'une pratique consistant à conjurer les esprits des morts à des fins de divination. La communication avec les morts est un signe qui indique que l'on est vraiment un sorcier ; par exemple, dans 1 Samuel 28, Saül a consulté une sorcière pour communiquer avec Samuel. La sorcière pratiquait la divination et pouvait rappeler les morts. Les sorcières pouvaient concocter un poison maléfique, influencer le temps et même déplacer la lune et les étoiles.

Dans les sociétés anciennes, ces phénomènes désignent la femme comme protagoniste. En moyenne, la sorcellerie, qui était considérée comme le mal ultime de l'humanité, était liée au sexe des femmes, alors que la bénédiction, qui était le bien ultime de l'humanité, était liée au sexe des hommes. Les femmes, en tant que groupe, ont été les premières à faire l'objet de poursuites pénales pour sorcellerie. Les femmes qui servaient de guérisseuses, de sages-femmes et de conseillères, utilisant une combinaison ancestrale d'expérience (bon sens) et de techniques magiques pour guérir et conseiller, ont été tenues légalement responsables de leurs actes lorsque des allégations de sorcellerie ont été formulées. Considérées comme un groupe d'adultes indépendants, les femmes sont entrées dans l'histoire en étant accusées d'empêcher la conception, de provoquer des fausses couches, des avortements et des mortinaissances, de rendre les hommes impuissants, de séduire les hommes, d'avoir des relations sexuelles avec le diable et de donner naissance à des esprits maléfiques.[157] Les femmes étaient également considérées comme des autorités en matière de sexualité, ce qui leur a valu d'être fortement accusées de pratiquer la sorcellerie.

En examinant le statut des femmes dans la société,[158] , il est apparu que l'opinion d'une femme était moins reconnue dans le forum politique et social. C'était l'homme qui dirigeait la communauté et la famille. Avec un tel statut social au sein de la communauté, il est possible qu'une femme ait eu recours à des pratiques telles que la magie et la sorcellerie pour se libérer de cet asservissement. Selon Aristote, une femme n'a aucune importance, c'est un homme déformé, un objet faible et inférieur, dépourvu de connaissances et de compétences. Il affirme que les femmes ont besoin de la supervision d'un adulte parce que leur rationalité est imparfaite et immature.[159] Une telle description rend la femme plus vulnérable et en fait une cible facile à désigner comme criminelle pratiquant la magie et la sorcellerie.

Dès le début de sa défense dans l'*Apologia*, Apulée nie les accusations portées contre lui de posséder des outils qu'il est accusé d'utiliser dans ses activités magiques. Bien que les accusations fassent état de divers instruments possédés par les sorcières, comme nous l'avons vu dans la discussion précédente, Apulée se défend en déclarant qu'il s'agit d'outils qu'il utilise quotidiennement chez lui.[160] Cette justification montre que personne n'accepte jamais d'être traité de sorcier, et que ces accusations sont parfois basées sur des soupçons. Certaines personnes sont accusées de pratiquer la magie et la sorcellerie, ce qui fait qu'elles sont considérées comme une menace pour la communauté dans laquelle elles vivent. En raison de l'éloquence d'Apulée et de son mariage avec la femme la plus riche de la communauté, le frère de Pudentilla savait que toutes les richesses de Pudentilla seraient dirigées vers Apulée. Il se mobilisa donc avec l'idée de l'éliminer avant qu'il ne reçoive quoi que ce soit d'elle. On

---

157 Graves R., 1990, Op cit, p 8 - 9, 22, 45.
158 Voir pages 48 à 53.
159 Fouts S., 2007, Aristotelian views of women, www.associatedcontent.com
160 Butler H. E., Op cit, Internet Classics Archive http://classics.mit.edu//Apuleius/apol.html, partie 13

peut noter qu'Apulée a été accusé d'être un praticien de la magie et de la sorcellerie en raison de l'inimitié qu'il suscitait.

D'après les stéréotypes représentés dans L'*Âne d'or* d'Apulée, on aurait plutôt pu s'attendre à ce que le soupçon de magie érotique pèse sur les femmes plus âgées, capables d'attirer les hommes plus jeunes dans leurs affections. Socrate raconte qu'il vivait avec une certaine Méroé.

En outre, il est sous-entendu que Méroé avait ensorcelé son jeune et bel invité et qu'elle était très âgée, mais que Socrate s'est trouvé attiré par elle d'une manière ou d'une autre. En effet, en racontant son histoire, Socrate semble à peine capable de croire à ses propres actions : non seulement il a pris Méroé dans son lit, mais il lui a donné tous ses biens.[161] Socrate n'est pas le seul à être amoureux d'une femme plus âgée. Il y a aussi le jeune Béotien qui est amoureux de Pamphile,[162] et aussi la femme du boulanger qui est intime avec un jeune homme sans nom.[163] De tels actes permettent de soupçonner une personne d'utiliser la magie érotique fournie par les femmes, la désignant ainsi comme une praticienne de la magie et de la sorcellerie.

Les femmes ne sont pas seulement accusées pour les raisons évoquées ci-dessus. Certaines sont prises sur le fait tandis que d'autres sont "bien connues" pour de tels actes. C'est là que l'on peut se tourner vers l'approche phénoménologique, car ces allégations manquent généralement de preuves scientifiques. Par exemple, le fait que Pamphile soit une sorcière n'est pas nouveau, c'est un fait bien connu. Dès que Lucius pose le pied sur le sol thessalien, il est averti des sortilèges de Pamphile par l'aubergiste, sa parente Byrrhaena et son nouvel amour Fotis.[164] Il est également témoin de la transformation de la femme de son hôte en hibou,[165], un acte qu'il a tenté mais qui l'a malheureusement transformé en un âne qu'il a gardé pendant un certain temps jusqu'à ce qu'il soit sauvé par la déesse égyptienne/ hellénique Isis.

D'autre part, bien que les hommes puissent être accusés de sorcellerie et poursuivis sur le site , ce sont les femmes qui sont le plus souvent visées. Les hommes étaient généralement associés à la sorcellerie principalement parce qu'ils étaient liés à des femmes déjà suspectes ou parce qu'ils avaient commis d'autres crimes liés à la sorcellerie. Après cette longue évaluation, il convient de préciser que les femmes n'étaient pas les seules à être des sorcières, mais que les hommes pratiquaient également la sorcellerie. Dans *L'Âne d'or,* des hommes sont impliqués dans la pratique de la magie : Zatchlas, le sorcier égyptien, et Diophane, le Chaldéen.[166] On ne sait pas si Apulée était innocent dans son

---

[161] Leinweber D. W., 1994, Op cit, p 78.
[162] Graves R., 1990, Op cit, p 47.
[163] ibid, p 150 et suivantes.
[164] Ibid, p 16, 22, 45 - 46.
[165] Ibid, p 48 - 49.
[166] Graves R., 1990, Op cit, p 26 - 27, 34 - 35.

Apologia, mais le fait est qu'il a été jugé pour pratique de la sorcellerie et possession d'outils dangereux.

La défense générale d'Apulée est qu'il poursuit la connaissance de toutes choses avec le désintérêt du philosophe, et il reconnaît d'ailleurs être plus intéressé par la défense de la réputation de la philosophie elle-même que par la sienne propre contre la souillure de la magie. Cependant, il est conscient que la tradition philosophique puise ses racines dans des figures de la tradition chamanique qu'il est difficile de distinguer en nature des mages fondateurs. Derrière Platon et Socrate, il y avait Orphée, Pythagore, Zalmoxis, Epiménide et Empédocle.[167] Même Barbara Rosen indique que Virgile a survécu dans le folklore comme un homme aux pouvoirs magiques, combinés à un manque risible de bon sens de la part d'un intellectuel.[168]

3.5 Conclusion

Ce chapitre a révélé que les femmes sont les personnes les plus accusées de pratiquer la sorcellerie et la magie. Sur le plan religieux, les divinités du monde gréco-romain et de l'Egypte responsables de ces phénomènes sont de sexe féminin. Il y a d'une part la déesse Hécate et d'autre part la déesse Isis. Le fait que ces divinités soient féminines permet davantage de conclure que les femmes avaient tendance à les consulter en temps de crise et que certaines étaient initiées à leur culte pour échapper à la misère qu'elles subissaient dans leur communauté. Les accusations de sorcellerie à l'encontre des femmes résultaient donc de la façon dont les hommes les percevaient dans la société. Dans *L'âne d'or*, la plupart des femmes sont impliquées dans la pratique de la magie et de la sorcellerie, et il semble qu'elles aient embrassé la sorcellerie. On peut en conclure que les accusations de sorcellerie sont principalement liées au sexe.

---

[167] Ogden D., 2002, Op cit, p 288 - 289.
[168] Rosen B., 1969, Op cit, p 3 - 4.

Chapitre 4 : Conclusions

La découverte la plus importante de cet exercice est que le genre est une cause sous-jacente des accusations de pratique de la sorcellerie. Une personne, en particulier une femme, peut être accusée de pratiquer la sorcellerie en raison de son statut social, de l'inimitié de ses voisins ou parce qu'elle a été prise en flagrant délit de sorcellerie positive ou négative. Une personne peut également avoir la réputation d'être une sorcière et être entourée d'une aura de croyances sorcières. Il semble que tout ce qui concerne la magie et la sorcellerie désigne la femme comme protagoniste de ces actes. Cela signifie-t-il que les hommes ne participent pas à ces actes ou est-ce dû au fait que la femme est toujours une cible facile à blâmer pour tous les défauts qui frappent une société ?

Le fait que les femmes jouissaient de peu de droits dans la société peut être une raison pour laquelle elles pratiquaient la magie et la sorcellerie, mais est-ce une base solide pour affirmer qu'elles et elles seules pratiquaient ces phénomènes ? Hésiode est d'un autre avis, puisqu'il affirme que c'est un décret des dieux que les femmes soient porteuses de mal.[169] Il montre que non seulement la femme a apporté des troubles dans le monde, mais que l'homme s'est aussi attiré des souffrances en acceptant le cadeau de Pandore. Ainsi, pour échapper à cette souffrance, et ayant été informés que l'adhésion à des cultes de sorcellerie et à des pratiques magiques apportait la liberté, il est possible que des hommes aient également adhéré à de tels mouvements pour se libérer eux aussi de toutes sortes de souffrances ou pour gagner leur vie grâce à de telles pratiques.[170] Bien que les femmes soient considérées comme inférieures et plus faibles que les hommes, il convient de noter qu'elles jouent un rôle important dans la construction des foyers et des nations. Elles soutiennent les familles et, parfois, elles sont également responsables de l'essor et de la chute des nations, comme Claudia, la mère de Néron, et Cornelia, la mère des frères Gracques.

L'*Âne d'or* de Lucius Apulée est bien connu dans les cercles savants latins sous le nom de *Métamorphoses*. Il raconte les aventures d'un jeune homme, Lucius, qui se retrouve sous la forme d'un âne à cause de sa curiosité. Dès le début de son voyage en Thessalie, Lucius, curieux et désireux d'étudier l'art de la magie (*ars magica*), s'est transformé en âne.[171] Le fait que les femmes de Thessalie soient des praticiennes célèbres de la sorcellerie et de la magie ne fait pas d'elles les seules à pratiquer ces phénomènes dans une perspective plus large. Il apparaît clairement dans l'*Âne d'or* que non seulement les femmes pratiquent la sorcellerie et la magie , mais que les hommes s'intéressent également à la pratique de la magie et de la sorcellerie. [172]

---

169 Wender D., 1973, Op cit, p 62.
170 Graves R., 1990, Op cit, p 26 - 27
171 Ibid, p. 50.
172 Ibid, p. 22.

Le fait qu'Apulée ait été accusé de pratiquer la magie, qu'il appelle l'art noir dans la première partie de son *Apologia*, alors qu'il tente de défendre sa position.[173] Dans l'*Apologia*, il nie les accusations de pratique de la magie, bien qu'il soit notoire qu'il aimait étudier cet art. Il s'est présenté devant un jury pour se défendre contre ces accusations. Pour cette recherche, le procès d'Apulée prouve que la sorcellerie n'était pas pratiquée uniquement par les femmes, car certains des outils possédés par Lucius Apulée sont des instruments utilisés par les sorcières.[174] Le fait qu'Apulée possédait ces outils lui permettait d'être un praticien de la sorcellerie, bien qu'il ait tenté d'expliquer sa position en se défendant d'être ni un magicien ni un sorcier.

Au vu des preuves fournies par différents chercheurs, on peut affirmer que s'il est vrai que les femmes pratiquaient la sorcellerie, les hommes la pratiquaient également. Il est clair qu'Apulée lui-même s'intéressait à l'étude de la magie et de la sorcellerie et que d'autres la pratiquaient également. Le statut inférieur accordé aux femmes depuis l'Antiquité est l'une des principales raisons pour lesquelles les femmes sont généralement accusées d'être des sorcières. Que la sorcellerie existe ou non, il est également possible que des femmes se soient délibérément associées à cette étiquette pour dissuader les hommes et avoir ainsi un semblant de contrôle sur leur vie (celle des femmes), et en particulier sur leur sexualité. Ce scénario se répète partout dans le monde, et la société zimbabwéenne contemporaine ne fait pas exception à la règle.

---

173 Butler H. E., Op cit, http://classics.mitedu//Apuleius/apol.html
174 Ibid - Lucius possédait un miroir, que je considère comme un outil majeur utilisé par les sorcières pour voir le passé, le présent et l'avenir, leurs victimes ou pour communiquer avec les esprits.

BIBLIOGRAPHIE

Sources primaires

1. Graves R, 1990, Lucius Apuleius : *The Golden Ass*, Angleterre, Penguin Books Ltd.

2. Hammond M., 1987, Homère : The Iliad, Angleterre, Penguin Books Ltd.

3. Innes M.M., 1955, Ovide : Metamorphoses, Angleterre, Penguin Books Ltd.

4. Lee H. D. P., 1960, Platon : La République, Angleterre, Penguin Books Ltd.

5. Wender D., 1973, Hésiode et Théognis, Angleterre, Penguin Books Ltd.

6. Pine-coffin R. S., 1961, St Augustine : Confessions, Angleterre, Penguin Books Ltd.

Sources secondaires

1. Barstow A. L., 1988, "On Studying Witchcraft as Women's History : A Historiography of the European Witch Persecutions, Journal of Feminist Studies in Religion, Vol. 4, No. 2, pgs 7 - 19.

2. Blundell S., 2002, "Women and the Household in Ancient Greece" in The Other Side Of Western Civilization : Readings In Everyday Life, édité par Stanley Chodorow et Mara Sortor, Fort Worth (U. S. A.), Harcourt College Publishers.

3. Burris E. E., avril 1936. The Terminology Of Witchcraft" dans Classical Philology, vol. 32 no.2, Chicago, The University of Chicago Press, pgs 137 - 145.

4. Cary M. et Haarhoff T. J., 1966, Life And Thought In The Greek And Roman World, Londres, Methuen.

5. Chavhunduka G. L., 1980, "Witchcraft And The Law In Zimbabwe" Zambezia, Vol. 3 No.2, pgs 129 - 147.

6. Frangoulidis S., 2008, Sorcières, Isis et récits : Approaches to Magic in Apuleius' Metamorphoses, Berlin, Walter de Gruyter.

7. Gamlath I., 2010, Degrees of Unity in Levels of Motivation : Desperate Witches in Apuleius' Golden Ass and Theurgists in Iamblichus De Mysteries, Sri Lanka, University of Kalaniya.

8. Gibson W. B., 1979, "Witchcraft Among The Ancient" dans Witchcraft ; A History Of The Black Art, Londres, Arthur Barker Ltd.

9. Graverini L., Literature And Identity In *The Golden Ass* Of Apuleius, *(texte inédit)*.

10. Keeman M. E., juillet 1940, "The Terminology of Witchcraft in the Works of Augustine" dans Classical Philology vol. 35 no3, pgs 294 - 297.

11. LagerwerfL., 1987, Witchcraft, Sorcery and Spirit Possession : Pastoral Response in Africa, Gweru, Mambo Press.

12. Leinweber D. W., 1994, Witchcraft and Lamiae in *The Golden Ass*, Folklore : vol 105, Taylor and Francis Ltd, pgs 77 - 82.

13. Levack B. P., 1992, Witchcraft in the Ancient World and the Middle Ages, New York, Garland Publishing Inc.

14. Mackail J. W., 1909, Latin Literature, Londres, John Murray.

15. McClymont J. D., 2008, "The Character Of Circe In The Odyssey" dans Akroterion, Vol. 53, pgs 21 - 29.

16. Meyer M. et Mirecki P., 1995, Ancient Magic and Ritual Power, New York, E. L. Brill.

17. Murray O., 1991, Life and Society In Classical Greece, U. S. A., Oxford University Press.

18. Ogden D., 2002, Magic Witchcraft And Ghosts In The Greek And Roman Worlds, New York, Oxford University Press .

19. Petrie A., 1949, Roman History Literature And Antiquities ; An Introduction, Londres, Oxford University Press.

20. Poc E. , 1999, Between The Living And The Dead : A Perspective On Witches And Seers In The Early Modern Age, Budapest, Central European University Press.

21. Reardon B. P., 1989, Collected Ancient Greek Novels, Californie, University of California Press.

22. Rosen B., 1969, Witchcraft, Londres, Edward Arnold.

23. Ruiz-Montero C., 2007, "Magic in The Ancient Novel" In Paschalis M. et al (Eds.), The Greek and The Roman Novel Parallel Readings, Groningen, Barkhuis & Groningen University Library.

24. Stambough J. E., 1988, The Ancient Roman City, Londres, The John Hopkins University Press.

25. Taylor D., 1975, Greek and Rome topic 4 : Work in Ancient Greece and Rome, Londres, George Allen and Unwin.

Sources Internet

1. Arbel I., "Witchcraft ; The Dawn Of Witchcraft" dans The Encyclopedia Mythica, www.pantheon.org/areas/featured/witchcraft/chapter-2.html

2. Aristote sur les femmes, 2011www.newfoundations.com/WOMAN/Aristotle/

3. Atsma A. J., 2008, Hekate, Nouvelle-Zélandewww.theoi.com/EncycA.html

4. Beresford C. J., <u>Roman Witches ; Ancient Witchcraft And The Religious Power Of Magic In Rome,</u> www.suite121.com/content/roman witches a131156

5. Butler H. E., <u>Lucius Apuleius : The Apologia,</u> Internet Classics Archive http://classics.mit.edu//Apuleius/apol.html

6. Clayton E., <u>Aristote, La politique : Livre 1 - Les femmes,</u> Encyclopédie Internet de la philosophie (IEP), Aristote ; Politiquewww.iep.utm.edu/

7. Ellwood R. S, <u>Witchcraft,</u> Online Encyclopedia, http://encarta.m.s.n.com

8. Evans-Pritchard E. E., 2010 , 'Witchcraft' in <u>Wikipedia, The Free Encyclopedia,</u> http://en.wikipedia.org/wiki/Witchcraft/

9. Fouts S. , 2007, <u>Aristotelian Views of Women,</u> www.associatedcontent.com

10. Historum-Histoire Forums, <u>La sorcellerie dans le monde antique,</u> http://www.historum.com/ancient history/27018-witchcraft-ancient-world.html,

11. Jean Claus Di Basio, <u>Ars Arcana : La magie dans le monde romain</u>

Le site http://what est witchcraft.blogspot.com,

12. Marcus Tullius Cicero, 1923, <u>De la divination (de Divinatione),</u> remanié par Bill Thayer, Loeb Classical Library, http://penelope.uchicago.edu/Thayer/E/Roman/Texts/Cicero/de Divinatione/

13. Pinch G., 2011, <u>Ancient Egyptian Magic,</u> www.bbc.co.uk/history/ancient/egyptians/magic 01.shtml

14. <u>Pythagore, le philosophe grec,</u> 2010, Occultopedia, l'encyclopédie occulte et inexplicablewww.occultopedia.com/p/pythagoras.htm

15. Smith N., <u>The Role of Women and Magic in 'The Golden Ass</u> by Apuleius, www.articlemyriad.com

16. Socyberty, 2009, <u>Witches in Ancient Egypt,</u> http://relijournal.com/paganism/halloween- for-witches/

17. "The Goddess Isis" in <u>Witches of the Craft,</u> http://witchesofthecraft.com/2012/01/12/the-goddess-isis/ , récupéré le 19 mars 2012

18. Tully C., 2002, <u>The Cauldron:- Witchcraft, Paganism and Folklore-Witches of Ancient Greece and Rome,</u> http://www.thecauldron.org.uk/

I want morebooks!

Buy your books fast and straightforward online - at one of world's fastest growing online book stores! Environmentally sound due to Print-on-Demand technologies.

Buy your books online at
www.morebooks.shop

Achetez vos livres en ligne, vite et bien, sur l'une des librairies en ligne les plus performantes au monde!
En protégeant nos ressources et notre environnement grâce à l'impression à la demande.

La librairie en ligne pour acheter plus vite
www.morebooks.shop

www.ingramcontent.com/pod-product-compliance
Ingram Content Group UK Ltd.
Pitfield, Milton Keynes, MK11 3LW, UK
UKHW041933131224
452403UK00001B/101